CIUDADES EMERGENTES:
aplicación de Metodología ICES del
BID en la zona sur de Tamaulipas

CIUDADES EMERGENTES:
aplicación de Metodología ICES del BID en la zona sur de Tamaulipas

Dr. Javier Chávez Meléndez
Dr. Juan Antonio Olguín Murrieta
Dra. Nora Hilda González Durán
Dr. Javier Guzmán Obando
Dr. Juan Carlos Guzmán García
Mtra. Juana María Vázquez Pimienta

Número de Control de la Biblioteca del Congreso de EE. UU.:   2016918292
ISBN: Tapa Dura   978-1-5065-1739-1
                 Tapa Blanda   978-1-5065-1741-4
                 Libro Electrónico   978-1-5065-1740-7

Información de la imprenta disponible en la última página.

Fecha de revisión: 14/12/2016

Para realizar pedidos de este libro, contacte con:
Palibrio
1663 Liberty Drive
Suite 200
Bloomington, IN 47403
Gratis desde EE. UU. al 877.407.5847
Gratis desde México al 01.800.288.2243
Gratis desde España al 900.866.949
Desde otro país al +1.812.671.9757
Fax: 01.812.355.1576
ventas@palibrio.com
752141

ÍNDICE

PRÓLOGO

En los últimos años los requerimientos para los profesores universitarios han ido creciendo, en los cuales de ser solamente el maestro titular de alguna o algunas asignaturas que se imparten en el salón de clases, ha tenido que incursionar en terrenos de la investigación y consultoría profesional.

Preparar clases e impartirlas con profesionalismo buscando que el alumno desarrolle las competencias requeridas por la materia, es sólo una parte de la actividad del profesor universitario actual. En la actualidad, en muchos de los casos, el docente dejó de ser un profesor titular, convirtiéndose en lo que se denomina profesor-investigador.

En esta dinámica de cambios y ajustes de funciones, es que los profesores incursionan en la asesoría de tesis de investigación, en el desarrollo de proyectos de investigación y en la elaboración de proyectos conjuntos con la empresa u organización con la finalidad de resolver problemáticas específicas.

Como respuesta a lo anterior, los profesores se agrupan en los llamados "Cuerpos Académicos" o "Grupos Disciplinares", que son conjuntos de profesores interesados en desarrollar proyectos de investigación en áreas que son de interés común bien definidas. Dentro de esos cuerpos académicos, uno de ellos, denominado de Competitividad y Mercadotecnia de la Facultad de Ingeniería de la Universidad Autónoma de Tamaulipas en la zona de Tampico es el autor de esta publicación.

El cuerpo académico de Competitividad y Mercadotecnia ya descrito, de manera conjunta con otros 3 cuerpos académicos: un cuerpo académico adicional de la Facultad de Ingeniería de la UAT y dos de la Universidad Autónoma del Estado de México, han generado un proyecto de investigación compartido denominado "Evaluación de la sustentabilidad en ciudades emergentes por medio de indicadores integrales".

A estos trabajos conjuntos se les denomina "Proyectos de Redes Académicas", los cuales deben pasar por todo un proceso de revisión y aprobación por parte de la Secretaría de Educación Pública de México.

El proyecto de investigación específico de esta Red Académica es una aplicación de la denominada Metodología de Indicadores de Ciudades Emergentes Sustentables (ICES) del Banco Interamericano de Desarrollo (B.I.D.).

Derivado de la participación en este proyecto de redes académicas, en cada cuerpo académico de esta red se han generado proyectos de investigación paralelos que permitan poder cumplir con el objetivo general del proyecto. Estos proyectos de investigación aparte de ofrecer información valiosa, han sido la base de reportes de investigación y ponencias como las que se presentan en este documento.

El acopio de la información anterior, fue el sustento de este libro que el Cuerpo Académico de Competitividad y Mercadotecnia presenta.

Deseando que estos documentos producto del quehacer de los autores, pueda ser de utilidad a estudiantes o profesionistas interesados en las temáticas propuestas, es que se presenta el presente libro.

1

Introducción a la Metodología ICES del B.I.D. como herramienta de diagnóstico de ciudades

Dr. Javier Chávez Meléndez

M.I. Federico Gamboa Soto

1. INTRODUCCIÓN A LA METODOLOGIA ICES DEL B.I.D. COMO HERRAMIENTA DE DIAGNOSTICO DE CIUDADES.

El diagnóstico es una herramienta fundamental para poder establecer la situación de un ente organizacional sea una empresa, conjunto de empresas, ciudad, etc.

El diagnóstico según Chiavenato (2004) es un proceso analítico que permite conocer la situación real de una organización en un momento dado para descubrir problemas.

Citando Romero (2206) podríamos decir que el diagnóstico es el resultado de un proceso de investigación relacionado con la organización y funcionamiento de entidades, principalmente empresariales, el cual permite determinar y evaluar las relaciones de causas-efectos de los problemas detectados y dar solución integral a los mismos.

De igual manera que efectuar un diagnóstico en una empresa es de gran importancia, ya que permite conocer su situación real actual y en consecuencia diseñar acciones de mejora, en las ciudades emergentes reviste gran interés el poder efectuar un diagnóstico de su situación actual, que permita reorientar de manera planeada y sostenible su crecimiento futuro.

El diagnóstico es un punto de enlace entre el presente y el futuro al definir por medio de investigación una situación actual de una organización para en base a los resultados obtenidos poder hacer las propuestas específicas de mejora.

El Banco Interamericano de Desarrollo (BID) desarrolló la herramienta de diagnóstico denominada la Iniciativa Ciudades Emergentes y Sostenibles (ICES) en 2010 en respuesta al veloz y poco regulado proceso de urbanización en la región de América Latina y el Caribe (ALC) y la consecuente necesidad de abordar las problemáticas relativas a la sostenibilidad que enfrentan las ciudades medianas en rápido crecimiento.

El BID ha definido como una ciudad emergente a aquellas que tuvieron un crecimiento poblacional y económico positivo por encima del promedio nacional durante el último periodo intercensal que tuvieran una población de entre 100 mil y 2 millones de habitantes, es decir son ciudades que están creciendo tanto en número de habitantes como de forma económica, y además están tienen un número de habitantes entre los límites establecidos.

Las ciudades emergentes son las que están y estarán recibiendo a las grandes cantidades de nuevos migrantes internos y externos, atraídos por las mejores opciones de empleo, así como mejores condiciones económicas en general que en sus lugares de origen.

Como es de imaginarse estas ciudades además de su ritmo de crecimiento poblacional y económico están enfrentando la multiplicación de los problemas y demandas sociales de una población necesitada de servicios, por consiguiente es responsabilidad de todos los niveles de gobierno (municipal, estatal y federal) planificar de manera responsable el crecimiento de estas ciudades emergentes y de esta forma evitar los grandes problemas de las megaciudades como la ciudad de México en la República Mexicana.

En los Estados Unidos de América se tienen grandes ejemplo del desarrollo de una visión de largo plazo y una mejora muy marcada en muchas características de una ciudad, por ejemplo la ciudad de Miami y la ciudad de Washington, D.C. lo anterior como resultado de la aplicación de la metodología ICES del BID (2014).

Lo anterior permitirá asegurar la sostenibilidad urbana y ambiental de las mismas. (blog.iadbb, 2012).

Indicadores de la Iniciativa ICES

De igual forma que cualquier otro modelo de diagnóstico, la metodología ICES propone una serie de indicadores.

Los indicadores son los controles o puntos básicos que se deben revisar en una ciudad emergente en estudio.

Los indicadores empleados en la ICES permiten identificar de una forma ágil las problemáticas críticas en las ciudades emergentes de América Latina y el Caribe sobre la base de criterios técnicos objetivos.

La iniciativa ICES considera dentro de su modelo tres dimensiones fundamentales las cuales agrupan los indicadores de diagnóstico. Estas dimensiones son:

- o   *Sostenibilidad Ambiental*
- o   *Desarrollo Urbano Sostenible*
- o   *Sostenibilidad fiscal y buena gobernabilidad.*

Estas tres dimensiones a su vez, se integran por ciertos indicadores, tal como se describen en la tabla siguiente:

Número	Dimensión	Indicadores
1	Dimensión de Sostenibilidad Ambiental	o La calidad del aire y el agua, o La mitigación de las emisiones de los gases de efecto invernadero (GEI), o La adaptación al cambio climático, o La reducción de la vulnerabilidad a los desastres naturales y o La cobertura de los servicios públicos.
2	Dimensión del Desarrollo Urbano Sostenible	o Aspectos físicos del desarrollo urbano. o Aspectos económicos del desarrollo urbano. o Aspectos sociales del desarrollo urbano.
3	Dimensión de Sostenibilidad Fiscal y Buena Gobernabilidad	Buena gobernabilidad: o Transparencia, o Participación pública o y Gestión orientada a la obtención de resultados. Sostenibilidad fiscal: o Prácticas fiscales de las ciudades o Recuperación de los costos de pago. o Administración de la deuda. o Inversión pública.

Fuente: Metodología ICES del BID, BID(2014).

Fases de la Metodología

La metodología ICES del B.I.D. ha sido diseñado por expertos del Banco Mundial y se compone por nueve fases o etapas, las cuales se describen a continuación:

a)	Fase Preliminar.

En esta fase es donde los interesados en hacer la investigación siguiendo esta metodología declaran su interés de hacerlo, validan la lista de ciudades en las que se tiene interés de hacer el estudio, escogen aquella o aquellas ciudades que reúnen las características de ser ciudades emergentes, se reúnen con las autoridades y funcionarios de las áreas correspondientes y por consiguiente presentan la carta de interés o protocolo formal del trabajo de investigación.

b)	Fase de Preparación o Fase 0.

Aquí es donde se inicia la recolección de información, es la etapa de preparación de los investigadores en cuanto al conocimiento teórico y conceptual de la metodología, aquí se da la conformación de los grupos de trabajos multidisciplinarios, se hace acopio de todos los insumos técnicos y tecnológicos que se emplearán, adicionalmente se identifican los actores principales entre autoridades, funcionarios, empresarios y representantes de organizaciones sociales.

c)	Fase de Análisis o Diagnóstico, Fase 1.

En esta etapa se hace primero un reconocimiento general de la ciudad para ver las adecuaciones o situaciones que pudieran ser imprevistas, se hace recopilación de información de acuerdo con los indicadores de la metodología, y se hace la aplicación del semáforo con la finalidad de determinar aquellos indicadores que será necesario poner una atención más detallada.

d)	Fase de Priorización, Fase 2.

La fase de priorización es aquella en la que se aplican los denominados "filtros", estos filtros son: la opinión pública, el costo económico, ver lo relacionado al cambio climático y checar la opinión de los especialistas.

Como su nombre lo indica, en esta etapa se definen los indicadores que resultaron en la aplicación del semáforo con color amarillo o rojo, se priorizan con apoyo de los actores principales.

Con lo anterior se definen las áreas críticas a atender en cuanto a sustentabilidad para la(s) ciudad(es) en estudio.

e) Plan de Acción o Fase 3.

Esta fase se caracteriza por el desarrollo de un Plan de Acción tendiente a buscar la sustentabilidad de la ciudad emergente en estudio. El Plan de Acción se profundiza y se valida con la participación de especialistas y autoridades municipales y estatales.

f) Fase de Preinversión o fase 4.

Este momento del proyecto es la fase en la cual se busca en los diferentes niveles de gobierno y del sector privado, así como en instituciones participantes, la financiación para los estudios de preinversión en las áreas críticas o estratégicas señaladas en el Plan de Acción. Algunos aspectos a realizar en los estudios de preinversión son: Estudios de factibilidad, estudio económico, diseño de ingeniería, estudio de pagos, estudio de impacto ambiental, entre otros.

g) Fase de Monitoreo o Fase 5.

La etapa 5 se caracteriza por ser la fase de Diseño y puesta en marcha del sistema de monitoreo de los proyectos de inversión aprobados, se hace el empleo de los indicadores correspondientes y se efectúan estudios de percepción ciudadana de los resultados obtenidos.

Para cada dimensión se describen los principales pilares de análisis y los temas que los desarrollan. Para cada uno de estos temas, hay un conjunto de indicadores que son los que se describen en los dos cuadros siguientes y cuya información conforma la base para el análisis rápido de la metodología.

Criterio del Semáforo.

El semáforo consiste en una tabla con valores estándar o ideales para cada indicador de la metodología. Estos valores han sido obtenidos por la aplicación de la metodología en diferentes ciudades de América Latina.

El criterio del semáforo es una comparación entre el valor obtenido producto de la investigación y el valor considerado como estándar que ya tiene establecida la metodología en la tabla descrita en el párrafo anterior.

Para la interpretación de los resultados se emplea la siguiente lógica:

a) Si el valor obtenido para un indicador producto de la investigación, se encuentra dentro del rango considerado como verde en la tabla de valores estándar de la metodología, se considera que en ese indicador la ciudad o zona metropolitana evaluada no se tienen problemáticas que atender.

b) Si el valor obtenido para un indicador producto de la investigación, se encuentra dentro del rango considerado como amarillo en la tabla de valores estándar, se concluye que en ese indicador la ciudad ya presenta problemas moderados y que sus autoridades deben hacer una planeación para atenderlos.

c) Si el valor obtenido para un indicador producto de la investigación, se encuentra dentro del rango considerado como rojo en la tabla de valores estándar, se concluye que en ese indicador la ciudad ya presenta problemas marcados y que sus autoridades y representantes deben hacer una planeación importante para atenderlos.

Aplicación de la Metodología ICES del BID.

Este proyecto de investigación busca de manera principal la aplicación de la Metodología ICES del BID en la ciudad de Altamira que como ciudad emergente de la zona sur de Tamaulipas, resulta de gran interés.

Porqué se escoge la ciudad de Altamira, el motivo es que esta ciudad cumple con las características de ciudad emergente que establece la metodología empleada.

Las ciudades de Tampico y Madero no son consideradas como ciudades emergentes, ya que no tienen posibilidades de crecimiento territorial, porque dichas ciudades tienen limitaciones territoriales libres, disponibles para ese crecimiento.

La mayoría de los indicadores fueron calculados de manera puntual, sin embargo existen otros, y son los menos, que fue necesario ajustarlos a la existencia de información disponible en las fuentes primarias.

Por otro lado, dentro de los indicadores estudiados, en muchos de ellos la información hay que ir a obtenerla directamente del campo, por medio de encuestas y entrevistas, mientras que para poder integrar otros indicadores fue necesario recurrir a fuentes primarias, tales como el Instituto Nacional de Estadística, Geografía e Informática (INEGI)

Adicionalmente es conveniente mencionar que en algunas etapas de este proyecto de investigación fue necesario complementar la metodología ICES del BID, base de este trabajo, con la metodología de diagnóstico de competitividad urbana del IMCO, IMCO (2015).

La metodología del IMCO hace uso de dimensiones e indicadores diferentes a los de la metodología ICES del BID, sin embargo es un referente en nuestro país y sirve como punto de validación.

La metodología ICES del BID es una metodología muy amplia en indicadores, por lo tanto es prudente señalar que el presente proyecto de investigación se concretó a emplear sólo algunas de las dimensiones y de los indicadores propuestos por esta metodología.

Lo anterior constituye una delimitación metodológica que se aclara en cada uno de los reportes de investigación que a continuación se describen,

En la parte que se describe a continuación en este libro se presentan cinco trabajos resultantes de la aplicación de la metodología en esta ciudad tamaulipeca.

Referencias.

http://blogs.iadb.org/ciudadessostenibles/2012/10/17/que-es-una-ciudad-emergente-cuantas-hay-en-america-latina/

BID (2014). Ciudades emergentes y sustentables. Lo anterior se puede consultar en: http://blogs.cnnexpansion.com/ciudades-emergentes-y-sostenibles/

Chiavenato, I. (2004). Introducción a la Teoría General de la Administración. Séptima edición. Mc Graw Hill: México.

Flor, M. (2012). Organización y procesos empresariales. Séptima edición. Editorial Clasipar: Paragauay.

IMCO. (2014). *Indice de competitividad urbana 2014. ¿Quién manda aquí? La gobernanza de las ciudades y el territorio en México* Consultada en Junio del 2016 en: http://imco.org.mx/indices/documentos/2014_ICU_Libro_La_gobernanza_de_las_ciudades_y_el_territorio_en_Mexico.pdf

IMCO. (2015). *Ciudades competitivas y sustentables 2015. Consultada en: http://imco.org.mx/wp-content/uploads/2015/10/2015-Ciudades_Competitivas-Documento.pdf*

2

Competitividad Urbana y Competitividad Empresarial. Aplicación de la Metodologia ICES del BID.

Dr. Javier Chávez Meléndez

Dr. Juan Carlos Guzmán García

Mtra. María Elena Martínez García

2. COMPETITIVIDAD URBANA Y COMPETITIVIDAD EMPRESARIAL. APLICACIÓN DE LA METODOLOGIA ICES DEL BID.

Resumen.

El desarrollo sustentable de una ciudad es un deseo de todo ciudadano y autoridad responsable, exige de un conocimiento teórico de estos conceptos, además de planeación de las autoridades, compromiso y sentido de responsabilidad por la ciudad y su población.

El Banco Interamericano de Desarrollo (BID) desarrolló una metodología basada en una serie de indicadores denominada ICES (iniciativa de ciudades emergentes sustentables), que como primera etapa propone el diagnóstico de una ciudad o zona conurbada para poder planear las acciones futuras de mejora (BID, 2015).

Este proyecto de investigación se sustentó en este modelo y en el modelo del IMCO.

Para lo cual, se desarrolló una investigación descriptiva, con enfoque cuantitativo basada en el desarrollo de la dimensión de competitividad urbana en la zona sur de Tamaulipas.

Los resultados obtenidos se presentan y permiten generar un espacio de acciones de planeación, reflexión y de formulación de políticas públicas.

Palabras clave: Desarrollo, sustentable, competitividad.

Abstract

The sustainable development of a city is a desire of every citizen and responsible authority, which requires a solid understanding of these concepts, and important planning of the authorities, in addition to a commitment and sense of responsibility for the city and its population.

The Inter-American Development Bank (IDB) developed a methodology based on a series of indicators called ICES (initiative sustainable emerging cities), as a first step propose the diagnosis of a city or metropolitan area to plan future actions corresponding improvement (BID, 2015).

This research project was based on this model ICES from IDB.

For that, a descriptive study was conducted with a quantitative approach based on the development of the dimension of urban competitiveness in the southern part of Tamaulipas.

The results are presented and can generate a space of planning actions, reflection and public policy development.

Keywords: Development, sustainable, competitiveness

1. Introducción.

La mayoría de las grandes ciudades en América Latina y el Caribe han crecido en forma desordenada, sin una planeación adecuada y por consiguiente su crecimiento ha traído consigo una serie de problemas importantes, tales como escasez de agua potable, servicios de drenaje insuficientes, áreas verdes limitadas, redes eléctricas insuficientes, altos niveles de contaminación, escasos parques, jardines e instalaciones deportivas, escuelas públicas con muchas carencias, transporte público en malas condiciones y rebasado por la demanda, entre otros grandes problemas.

En consecuencia surge el interés por el estudio de las denominadas ciudades emergentes, de las cuales el Banco Interamericano de Desarrollo (BID, 2015) definió como aquellas ciudades que tuvieron un crecimiento poblacional y económico positivo, por encima del promedio nacional durante el último periodo intercensal y que tuvieran una población de entre 100 mil y 2 millones de habitantes.

Las ciudades emergentes en el mundo en ocasiones se forman por pequeñas ciudades vecinas que se unen y llegan a constituir el concepto de metrópolis, la zona en estudio formada por Tampico, Madero y Altamira, todas en el estado de Tamaulipas, son un ejemplo de ello (Sánchez, 2008).

El desarrollo sustentable es definido por Bruntlandn (1987) como la satisfacción de las necesidades de la generación presente, sin comprometer la habilidad de las futuras generaciones de poder satisfacer sus propias necesidades también futuras.

Desarrollar el diagnóstico de una ciudad catalogada como emergente es un proceso multidisciplinario que requiere del trabajo de investigación documental y práctico de campo, para poder determinar su situación actual en cuanto a dimensiones de competitividad urbana y de esta forma poder diseñar las acciones de planeación de mediano y largo plazo.

Objetivos de la Investigación.

Objetivos Generales.

Determinar el diagnóstico de las ciudades de Tampico y Ciudad Madero en cuanto al indicador de competitividad urbana, de acuerdo con la metodología ICES del BID y comparar con la medición de la competitividad empresarial por modelos analizados.

a) Analizar el indicador de competitividad urbana de la metodología ICES del BID y comparar con otros modelos teóricos de competitividad empresarial.
b) Desarrollar las herramientas de diagnóstico de la competitividad urbana y competitividad empresarial.
c) Llevar a cabo el diagnóstico de la competitividad urbana de las ciudades de Tampico y Ciudad Madero, de acuerdo con la metodología antes descrita.
d) Desarrollar el diagnóstico de competitividad empresarial con los modelos teóricos propuestos.
e) Buscar relaciones entre la competitividad urbana y la competitividad empresarial medidas.

Objeto de estudio.

El objeto de la investigación lo constituye la subdimensión estudiada denominada "competitividad urbana" en una primera fase de las ciudades de Tampico y Madero, Tamaulipas. En la segunda fase del proyecto se incluirá la ciudad de Altamira, Tamaulipas.

Los sujetos de estudio en cuanto a competitividad empresarial son:

a) Los gerentes, administradores o encargados de la muestra de empresas medianas y pequeñas que se estudiarán.

b) En cuanto a competitividad urbana la información se obtendrá de forma documental buscada en fuentes primarias.

Unidades de análisis.

La unidad de análisis será por empresa, las cuales se obtendrán de una muestra representativa de empresas medianas y pequeñas de estas dos ciudades de estudio.

La unidad de registro será por persona, es decir cada gerente, administrador o encargado de la empresa en estudio.

Delimitación de la Investigación.

o El proyecto se circunscribió a estudiar en una muestra de empresas medianas y pequeñas en las ciudades de Tampico y Madero en Tamaulipas, las dimensiones de competitividad empresarial de acuerdo a modelos propuestos.

o Las dimensiones de competitividad urbana se obtendrán por medio de investigación documental de fuentes de información primarias.

o Solo se consideraron empresas pequeñas y medianas pequeñas ubicadas en las zonas centro de las ciudades de Tampico y Madero en Tamaulipas.

o El levantamiento de datos sólo se realizó durante los meses de febrero a junio del 2016.

o Los encuestadores fueron un grupo de 9 alumnos de la Facultad de Ingeniería de la UAT, todos estudiantes del quinto y séptimo semestre de la carrera de Ing. en Sistemas de Mercadotecnia. Todos ellos alumnos regulares y de características similares.
o Sólo se evaluaron 300 empresas.

Problema de Investigación.

¿Existe alguna relación entre el diagnóstico de la "competitividad urbana" de acuerdo con la metodología ICES del BID de las ciudades de Tampico y Madero y la competitividad empresarial de una muestra de empresas en estas ciudades?

2. Revisión de la literatura.

Variable 1: Competitividad Urbana.

Definición Conceptual de la Variable: Competitividad Urbana.

El Instituto Mexicano de la Competitividad (IMCO, 2014), define la competitividad urbana como la capacidad de una ciudad para atraer talento e inversión.

Sobrino (2010) coincide en su concepto sobre la competitividad urbana al señalar que es la capacidad de las ciudades para atraer inversiones productivas; el cambio en la posición económica de las metrópolis y urbes tanto dentro del Sistema Urbano Nacional como del Sistema Urbano Internacional; así como la interrelación entre el desempeño económico local (el aspecto más visible en ciertos estudios de competitividad urbana), con otras manifestaciones sociales, políticas y ambientales de la vida urbana.

Adicionalmente para la Escuela de Graduados en Administración Pública y Política Pública (EGAP, 2010) del Instituto Tecnológico y de Estudios Superiores de Monterrey (ITESM) se entiende por competitividad urbana como una "característica asignada a una región que alcanza, de acuerdo a factores seleccionados, niveles relativamente superiores a otras regiones"

A. *Variable de estudio: Competitividad Urbana de acuerdo con el IMCO.*

Estudiar la competitividad es un tema complejo, por ser una variable con muy diferentes enfoques conceptuales, con muchas aplicaciones y diferentes niveles de análisis; de esta forma es posible estudiar la competitividad: para una persona, solo para la empresa, para un sector, una región, una ciudad o todo el país.

Por consiguiente cuando se habla solo de la empresa, se considera el nivel de análisis 1, de acuerdo con Abdel y Romo (2004), dejando a un lado los demás niveles.

Retomando la definición del IMCO sobre competitividad urbana, que es la capacidad de una ciudad para atraer talento e inversión, es conveniente señalar que adicionalmente también menciona tres objetivos estratégicos que son:

a) Que las ciudades deben crear una red de estructuras que permita a sus habitantes aprovechar al máximo las economías de aglomeración. Es decir que se generen relaciones económicas productivas

b) Que las ciudades adapten su forma para respetar el tiempo de sus habitantes y para hacerlos más felices (ciudades más seguras, equitativas y saludables).

c) Que las ciudades sean más sustentables (menor consumo de suelo, energía y recursos naturales).

Este estudio se basa en la construcción del índice ICU (Indice de competitividad urbana), el cual se compone de nueve indicadores que mide este estudio, y por medio de una media geométrica de los nueve indicadores se obtiene el valor del ICU.

El mencionado estudio del año 2014, clasifica además las ciudades metropolitanas en seis categorías de productividad desde la Alta (lugar 1), hasta la Muy Baja (lugar 6), la ciudad metropolitana de Tampico fue ubicada en la categoría Media Alta (lugar 3) de este ranking.

El IMCO explica la competitividad urbana a través de 4 variables ancla que son: Índice de formación de talento, Índice de aplicación de Talento, PIB per cápita e Inversión.

Variables ancla de la competitividad urbana.

- *Índice de formación de talento.* Es el promedio simple de dos indicadores: Grado de escolaridad efectiva y Absorción de la demanda estudiantil.
- *Índice de aplicación de talento.* Es el promedio de tres indicadores de talento (todos ponderados por población): Personas con estudios de licenciatura ocupadas, Migrantes con educación superior e Investigadores.
- *PIB per cápita.* Es el producto interno bruto por persona.
- *Inversión.* Es la cantidad de inversión en miles de pesos por la Población económicamente activa (PEA).

B. *Variable de estudio: Competitividad urbana de acuerdo con la Metodología ICES del BID.*

El Banco Interamericano de Desarrollo (BID) creó la Iniciativa Ciudades Emergentes y Sostenibles (ICES) en 2010 debido al veloz y poco regulado proceso de urbanización en la región de América Latina y el Caribe (ALC) y por consiguiente a la necesidad de abordar las problemáticas relativas a la sostenibilidad que enfrentan las ciudades medianas en rápido crecimiento.

La Metodología ICES promueve la idea de que las estrategias de desarrollo urbano bien planificadas, integrales y multisectoriales tienen la capacidad de brindar mejoras a la calidad de vida y de trazar un futuro más sostenible, resiliente e inclusivo para las ciudades emergentes de América Latina y el Caribe.

Indicadores de la metodología ICES del BID.

De igual forma que cualquier otro modelo de diagnóstico, la metodología ICES propone una serie de indicadores. Los indicadores son los controles o puntos básicos que se deben revisar en una ciudad emergente en estudio.

Los indicadores empleados en la ICES permiten identificar de una forma ágil las problemáticas críticas en las ciudades emergentes de América Latina y el Caribe sobre la base de criterios técnicos objetivos.

La iniciativa ICES considera dentro de su modelo tres dimensiones fundamentales que son:

- **Sostenibilidad Ambiental**
- **Desarrollo Urbano Sostenible**
- **Sostenibilidad fiscal y buena gobernabilidad.**

Cada una de las tres dimensiones es evaluada por medio de indicadores con valores estándares a nivel mundial preestablecidos.

- De la segunda dimensión denominada **Desarrollo Urbano Sostenible,** se considerarán las siguientes subdimensiones:
- **Competitividad de la economía**
- **Empleo**
- **Conectividad**

Estas subdimensiones manejan a su vez los siguientes temas:

Tabla 1. Dimensiones, Subdimensiones y Temas a estudiar.

Dimensión	Subdimensión	Temas de Estudio
Desarrollo Urbano y Sostenible	Competitividad de la Economía	1) Regulación de Negocios. 2) Gestión estratégica de la infraestructura. 3) Producto bruto.
	Empleo	1) Desempleo 2) Empleo Informal

Fuente: Metodología ICES del BID.

Diagnóstico de la competitividad urbana.

Para el diagnóstico, se emplea el modelo del semáforo, de forma tal que en función de los valores de los indicadores obtenidos, se pueda comparar contra los estándares preestablecidos y así poder determinar lo siguiente:

a) Si el valor del indicador obtenido en trabajo de investigación al compararse con los valores estándares, resulta dentro del rango de color verde, la metodología nos indica que en ese indicador de sustentabilidad, la región o ciudad en estudio por el momento no presenta problema.

b) Si el valor del indicador obtenido en trabajo de investigación al compararse con los valores estándares, resulta dentro del rango de color amarillo, la metodología nos indica que en ese indicador de sustentabilidad, la región o ciudad en estudio presenta problemas incipientes y hay que tomar acciones de planeación.

c) Por último, si el valor del indicador obtenido en trabajo de investigación al compararse con los valores estándares, resulta dentro del rango de color rojo, se concluye que la ciudad en estudio presenta problemas importantes en ese indicador y es necesario tomar acciones de planeación urgentes.

Adicionalmente y con la finalidad de poder establecer un diagnóstico de la competitividad empresarial de las ciudades en estudio, se revisaron cinco modelos adicionales de competitividad, que a continuación se relacionan:

Tabla 2. Modelos conceptuales de competitividad.

No.	Nombre	Autor(es)	Año	Características
1	Modelo Nacional Para Mipymes Competitivas	Instituto Nacional para el Fomento de la Calidad, (2010)	2010	o Conocimiento del entorno o Alianzas o Relación con Clientes. o Recursos y Actividades clave o *Propuesta de Valor (Innovación)* o Estructura de Costos
2	Modelo de la Competitividad Integral.	López, López y Pérez, (2004)	2004	o Papel del Gobierno. o *Acciones de la Empresa. (Innovación)*
3	Modelo de Desarrollo y Generación de Competitividad Internacional.	Batres y García, (2006).	2006	o Desarrollo de Cadenas Productivas o *Capital Humano, Capacitación y Desarrollo. (Innovación entre otros tópicos).*

4	Modelo de las Ventajas Competitivas	Porter, (2002)	2002	o Composición del Sector o Poder e influencia de cada Fuerza. o Posición Competitiva. o Cadenas de Valor o *Ventajas Competitivas. (Innovación)*
5	Modelo de Competitividad	Schuller y Lidbom, (2009).	2009	o Desempeño del Mercado o Alta eficiencia o *Factores de éxito clave. (Innovación)* o *Valor agregado. (Innovación)*

Fuente: Elaboración propia.

3. Metodología.

Características del Estudio. Método.

El estudio se desarrolló siguiendo el Método Inductivo, además es un estudio descriptivo transversal, en la cual se hicieron mediciones en una sola ocasión en el tiempo.

Obtención de la Información.

a) Población.

La población en estudio en la etapa 1 la constituyen empresas medianas y pequeñas de la zona conurbada de Tampico y Ciudad Madero. En la etapa 2 se incluirá a la ciudad de Altamira.

b) Diseño de la Muestra.

La muestra que se utilizó fue **No representativa** de la población principalmente por limitaciones económicas y de facilidad de acceso a la empresa.

La selección de los elementos de la muestra se desarrolló siguiendo la técnica denominada muestreo a juicio o conveniencia del investigador.

Criterios de Selección de Casos.

En este proyecto de acuerdo con otros estudios se pueden presentar las siguientes variables que pudieran explicar el fomento a la participación creativa, y son: a) *Edad del gerente o administrador, b) Nivel de Estudios del gerente o administrador.*

Edad del gerente o administrador. Un gerente o jefe relativamente joven, menor de 45 años, tiende a promover más la participación con ideas de los empleados, que un ejecutivo ya maduro, tiende a la competitividad.

Nivel de Estudios del Gerente o Superior. Un gerente o jefe con estudios de licenciatura o posgrado tiende a promover más la competitividad en la empresa.

Por tal razón las combinaciones que se buscaron en la Muestra se describen en la tabla siguiente:

Tabla 3. Combinación Edad del Gerente Nivel –Nivel de Estudios-No. De Casos

Combinación	Edad del Gerente	Nivel de Estudios	No. De Casos
I	Menor de 45 años	Con Estudios de Lic. o Posgrado	75
II	Menor de 45 años	Sin Estudios de Lic. o Posgrado	75
III	Mayor de 45 años.	Con Estudios de Lic. o Posgrado	75
IV	Mayor de 45 años.	Sin Estudios de Lic. o Posgrado	75

Fuente: Elaboración Propia.

Recolección de Datos.

a) Técnica. Diseño del Instrumento.

Se emplearon dos instrumentos de medición: un cuestionario basado en la metodología ICES del BID y otro basado en los modelos de competitividad de la Tabla 2, además una guía de observación para validar algunas respuestas.

a.1 Cuestionarios.

Se utilizaron dos cuestionarios orientado a los gerentes o administradores, para medir la competitividad empresarial.

a.2) Guía de Observación.

Adicionalmente se utilizó la observación directa por medio de la elaboración de las guías de observación. Su uso obedeció a la necesidad de validar los resultados obtenidos con otras técnicas.

Validación.

De forma previa a la aplicación de los instrumentos, estos se validaron de la forma siguiente:

- De forma interna, por riesgos de sesgo, por validez de constructos, con prueba piloto y
- Con la prueba Alpha de Cronbanch.

4. Resultados.

Una vez analizados los datos obtenidos aplicando el software estadístico, se obtuvieron los siguientes resultados:

4.1 Competitividad empresarial.

Gráfico 1. Tipo de empresas en estudio.

Fuente: Elaboración propia.

En cuanto al giro no existen diferencias significativas en los resultados entre ambos segmentos de empresas estudiadas, a pesar de que se estudiaron más empresas comerciales (65%) que de servicios (35%).

Perfil de los empresarios de las empresas en estudio.

Como resultado de la aplicación de la encuesta obtenida a partir de los modelos de competitividad empresarial, se obtuvieron los siguientes datos de personalidad, cada rasgo del perfil con tres niveles, que son: el nivel más bajo encontrado, el nivel más alto y el nivel promedio del rasgo evaluado.

Tabla 4. Perfil de los empresarios y/o administradores de las muestras de empresas en estudio. (Tamaño de la muestra igual a 60 empresas en total).

No.	Rasgo	Límite Inferior de la Muestra	Límite Superior de la Muestra	Predominan
1	Edad	24 años	69 años	Entre 35 y 45 años
2	Nivel de estudios	Carrera Trunca.	Posgrado (Maestría)	Licenciatura
3	Situación empresarial del administrador / empresario.	Empleado	Dueño de la empresa.	Dueño de la empresa, junto con otros socios.
4	Sexo (género)	No aplica	No aplica.	Predominan los varones. 75-25%.
5	Experiencia en el giro	3.5 años	Más de 45 años.	Entre 8 y 15 años en el giro.
6	Solvencia económica	Muy limitada, en ocasiones no tienen para pagar nóminas, ni porveedores.	Muy alta, con capacidad de reinvertir en infraestructura e inmuebles.	Solvencia económica limitada, dificultades para reinvertir.
7	Manejo de tecnología.	No saben usar la computadora personal, ni conocen de sistemas.	Experto en sistemas computacionales.	No conocen los beneficios de los sistemas computacionales.
8	Capacitación recibida.	Nunca reciben capacitación, ni asesoría alguna.	Bastante actualizados y con buena capacitación.	Capacitación reducida.

9.	Visión del negocio.	Anticuada, no creen en la tecnología, ni en modernización, alianzas, nuevos enfoques del negocio, etc.	Moderna, capacitados, con tecnología actual, buscando alianzas con proveedores, con nuevos enfoques del negocio en Internet.	Tendencia a una visión tradicional de negocios, buscan más el apoyo de Internet.
10.	Toma de decisiones.	Baja, sólo son empleados que reportan diariamente a los accionistas.	Muy amplia son dueños únicos.	Media.
11.	Nivel socioeconómico al que pertenecen.	Bajo, familias de escasos recursos que con el tiempo han creado una pequeña empresa.	Alta, dueños varias empresas.	Media en ambos segmentos.
12.	Uso de instrumentos financieros	Bajo, casi ni los conocen.	Muy alto, son expertos financieros.	Medio, usan los estados financieros y ciertos indicadores de negocio.
13.	Manejo de Mercadotecnia.	Solo conocen el producto.	Medio, saben tratar al cliente, manejan algunas variables como publicidad, promoción, satisfacción del cliente, etc.	Bajo, sólo saben de precio, distribución y un poco de promoción.
14.	Conocimiento de Recursos Humanos.	Bajo en ambos segmentos, desconocen la mayoría de los procesos. Procesos de selección y contratación erróneo.	Alta, conocen la mayoría de los procesos de recursos humanos.	Media, sólo conocen de algunos procesos, no recurren al outosurcing.
15.	Estilo de liderazgo.	Muy pobre, totalmente dictatoriales.	Participativo, alto nivel de participación del personal.	Tendencia a ser dictatoriales en su mayoría, en los dos segmentos.

Fuente: Elaboración propia.

Tabla 5. Medición de la Competitividad de acuerdo a Modelos de competitividad empresarial propuestos.

La calificación es en escala creciente de 0 (mínimo valor) a 10 (máximo valor).

No.	Medición de la Competitividad. Rasgos de los modelos.	Caso I	Caso II	Caso III	Caso IV
1	Conocimiento del entorno.	9	8	8	7
2	Alianzas	6	5	4	3
3	Relación con clientes	9	9	7	7
4	Recursos y actividades clave.	7	5	4	4
5	Propuesta de valor (innovación)	7	6	4	3
6	Estructura de costos.	7	7	4	2
7	Papel del gobierno (apoyos)	5	3	2	2
8	Desarrollo de cadenas productivas	2	2	0	0
9	Capacitación.	7	6	6	5
10	Ventajas competitivas	6	5	5	3
11	Líder en su segmento	7	7	5	4
12	Existencia de cadena de valor	4	3	2	2
13	Mercado en crecimiento	8	8	7	7
14	Medición del desempeño	7	4	2	0
15	Incorporación de valores agregados	7	6	6	4
	CALIF. PROMEDIO	**6.6**	**5.6**	**4.4**	**3.5**

Fuente: Elaboración propia.

Caso I. Gerentes menores de 45 años y con estudios de licenciatura o posgrado.

Caso II. Gerentes menores de 45 años y sin estudios de licenciatura o posgrado.

Caso III. Gerentes mayores de 45 y con estudios de licenciatura o posgrado.

Caso IV. Gerentes mayores de 45 años y sin estudios de licenciatura o posgrado.

a) En esta tabla podemos observar que los gerentes que tienen mayor valor en la medición de los rasgos de competitividad son los del caso I, es decir los menores de 45 años y con estudios de licenciatura o posgrado, con un valor de acuerdo con los modelos de la Tabla 2 de **6.4**, con escala de cero a diez.

b) También se puede observar que los gerentes del caso IV, es decir los mayores de 45 años y sin estudios de licenciatura y posgrado, son los que menos valor obtienen en la medición de la competitividad de acuerdo con los modelos de la Tabla 2 y con un valor **3.5**, con escala de cero a diez.

c) Si establecemos *arbitrariamente* como un 70% el mínimo aceptable de existencia de rasgos de competitividad en las empresas, vemos que ninguna de las empresas estudiadas lo alcanza. Solo en el caso I, gerentes menores de 45 años y con estudios de licenciatura se acerca a este parámetro.

Tabla 6. Valores de la variable "competitividad" empresarial en los gerentes.

No.	Dimensión de la variable competitividad.	Caso I	Caso II	Caso III	Caso IV
1	Conocimientos de administración	9	7	8	7
2	Conocimientos de finanzas	8	6	7	4
3	Conocimientos de Admón, de Recursos Humanos.	7	5	5	3
4	Conocimiento de Mercadotecnia	8	4	6	4
5	Conocimiento de sistemas de información.	8	5	5	4
6	Conocimiento de tecnología.	8	6	7	4
7	Técnicas de control.	9	6	9	5
8	Resultados de negocio.	8.5	7.5	9	6
9	Crecimiento.	7	6	7	5
	CALIF. PROMEDIO	**8.5**	**5.8**	**7.0**	**4.7**

Fuente: Elaboración propia.

Caso I. Gerentes menores de 45 años y con estudios de licenciatura o posgrado.

Caso II. Gerentes menores de 45 años y sin estudios de licenciatura o posgrado.

Caso III. Gerentes mayores de 45 y con estudios de licenciatura o posgrado.

Caso IV. Gerentes mayores de 45 años y sin estudios de licenciatura o posgrado.

a) En esta tabla podemos observar que los gerentes que tienen mayor conocimiento de dimensiones de competitividad son los del caso I, es decir los menores de 45 años y con estudios de licenciatura o posgrado, con un valor en el constructo de 8.5, con escala de cero a diez.

b) También se puede observar que los gerentes del caso IV, es decir los mayores de 45 años y sin estudios de licenciatura y posgrado, son los que tienen menor nivel competitivo más bajo de acuerdo con el constructo y con un valor en el mismo de 4.0, con escala de cero a diez.

c) Si a manera de supuesto establecemos como mínimo un 80% de conocimiento por parte de los gerentes o administradores de las dimensiones de competitividad, vemos que más del 75% de los gerentes evaluados no alcanzan el mínimo del 80% de conocimiento de estas dimensiones.

4.2 Diagnóstico de la competitividad urbana.

Una vez que se realizó la investigación documental en fuentes primarias, se construyeron los valores de los indicadores de la competitividad urbana de acuerdo con el ICES del BID

Tabla 7. Medición de la Competitividad Urbana. Metodología ICES del BID.

No.	Tema	Indicador	Valor Obtenido	Estándar	Comparación con el semáforo
1	Competitividad de la Economía	Días para obtener una licencia de negocios.	24 días	12 días	*Rojo*
2		Existencia de una plataforma logística.	Existe una plataforma logística para el transporte terrestre, marítimo y aéreo.	Existe una plataforma logística para el transporte terrestre, marítimo y aéreo.	**Verde**
3		Rendimiento económico per cápita.	$ 10,108 U.S. Dls (El Economista, 2014)	>$ 9,000 U.S. Dls	**Verde**
4		Tasa de desempleo	4.3% (STPS, 2016)	>7%	**Verde**
5		Empleo informal	49% (STPS, 2016)	>35%	**Rojo**

Fuente: Elaboración propia en base a la Metodología ICES del BID, BID (2014).

Revisando la Tabla 4, es posible observar que de los 5 indicadores de competitividad evaluados dos de ellos (número de días para obtener una licencia de negocios y tasa de desempleo) se encuentran dentro de los límites considerados como *inaceptables,* es decir el comparativo con el semáforo de control resulta de color rojo, por otro lado los otros tres indicadores (existencia de una plataforma logística, rendimiento económico per cápita y tasa de desempleo) se encuentran dentro de los límites aceptables del semáforo y del modelo.

Hablando de manera simple el 60% de los indicadores cumple con los criterios de competitividad urbana del modelo ICES y el 40% no los cumple.

Lo anterior significa que en los indicadores que salieron en valores inaceptables, se deben hacer planes para establecer propuestas y acciones específicas de mejora, con la finalidad de mejorar la competitividad urbana de esta zona.

Medición de la competitividad urbana de acuerdo con la metodología IMCO.

A continuación se presentan los resultados producto de la investigación en fuentes primarias de los indicadores de competitividad del IMCO.

a) *Índice de formación de talento*. Es el promedio simple de dos indicadores: Grado de escolaridad efectiva y Absorción de la demanda estudiantil.

Grado de escolaridad efectiva promedio de todo Tamaulipas es de 9.4 años, lo cual significa que tienen en promedio estudios hasta primer año de bachillerato inconcluso, es decir son 6 años de primaria, tres de secundaria y un poco del primer año de bachillerato, de acuerdo con Cuéntame (2015).

El índice de absorción de la demanda estudiantil en el periodo 2013-2014 en Tamaulipas a nivel medio superior (bachillerato, para coincidir con el grado de escolaridad efectiva) es de 104.6%, de acuerdo con (SNIE, 2014)

b) *Índice de aplicación de talento*. Es el promedio de tres indicadores de talento (todos ponderados por población): Personas con estudios de licenciatura ocupadas, Migrantes con educación superior e Investigadores.

Personas con estudios de licenciatura ocupadas en Tamaulipas de acuerdo con Observatorio Laboral (2014), Tamaulipas es el décimo lugar estatal en el país, con un 20.9% de personas con estudios de licenciatura ocupadas debajo de estados como el D.F. y Sonora que lideran este segmento con porcentajes del 32.8% y 23.8%, respectivamente.

Migrantes con educación superior, en este indicador los mexicanos ocupan un lugar aceptable, de acuerdo con Situación Migración (2015), ya que representan el 40.1% de todos sus estudiantes en los

EEUU, este porcentaje está por encima de lo porcentajes de países como Puerto Rico, Cuba y otros hispanos.

Investigadores en México. En relación al indicador del número de investigadores, e acuerdo con el Banco Mundial (2016), podemos decir que hasta el año 2010 México tiene pocos investigadores dedicados a la investigación y desarrollo comprado con otros países, ya que sólo contaba con 380 por cada millón de personas contra 2,889 de España, 1,233 de Costa Rica, 4,649 de Canadá y 3,067 de Estados Unidos.

c) *PIB per cápita.* Es el producto interno bruto por persona. Este valor resultó de $ 10,108 U.S. Dls (El Economista, 2014), y se puede revisar en la Tabla 4 como la partida número 4.

d) *Inversión.* Es la cantidad de inversión en miles de pesos por la Población económicamente activa (PEA). *Este dato no se encontró en la investigación documental de fuentes primarias.*

*Como resultado hacer una media geométrica de los nueve indicadores se obtiene el ICU (índice de competitividad urbana), en este caso su valor para la zona de estudio es de **45.66**, es decir ocupa el lugar 27 de 78 ciudades estudiadas, (IMCO, 2015).*

5. Conclusiones y propuestas.

Algunas de las conclusiones más importantes se pueden explicar con los cuadros siguientes:

a) **Competitividad empresarial de la zona de estudio.**

Tabla 8. Competitividad empresarial, encuesta no.1

No.	Medición de la Competitividad. Encuesta No.1.	Caso I	Caso II	Caso III	Caso IV
	CALIF. PROMEDIO	6.6	5.6	4.4	3.5

Se observa en la tabla 5 anterior que la calificación más alta es de un 6.6, que representa el 66% de la competitividad.

Tabla 9. Competitividad empresarial encuesta no.2

No.	Dimensión de la variable competitividad. Encuesta No.2	Caso I	Caso II	Caso III	Caso IV
	CALIF. PROMEDIO	8.5	5.8	7.0	4.7

En la Tabla 6 se observa que el valor promedio de la competitividad en esta tabla es de 6.5, es decir de un 65%.

b) Competitividad Urbana de la zona de estudio.

b.1 De acuerdo con el IMCO.

ICU (índice de competitividad urbana de Tampico-Madero) = 45.66; lugar no. 27 de 78 ciudades evaluadas en México.

Índice de competitividad urbana = 57.34 de la ciudad mejor evaluada de México, es decir el Valle de México, que ocupa el lugar no. 1 de 78 ciudades evaluadas.

Relacionando el ICU de la zona en estudio entre el ICU de la ciudad mejor evaluada, resulta una relación de **79%** de la competitividad de la zona en estudio con respecto de la ciudad mejor evaluada.

b.2 De acuerdo con la Metodología ICES del BID.

El **60%** de los indicadores evaluados cumple satisfactoriamente con el semáforo de diagnóstico.

a) Propuesta.

Desarrollar este estudio de competitividad urbana y competitividad empresarial, utilizando los mismos modelos, pero en varias ciudades emergentes del país, con la finalidad de poder establecer si esta posible relación que pareciera existir entre las variables mencionadas en esta zona, realmente es una correlación de las dos variables estudiadas.

Referencias

Abdel, G., Romo, D. (2004). *Documentos de Trabajo en Estudios de Competitividad.* Centro de Estudios de Competitividad. México: ITAM.

Banco Mundial. (2016). *Investigadores de dicados a investigación y desarrollo por cada millón de personas.* Se puede consultar en: http://datos.bancomundial.org/indicador/SP.POP.SCIE.RD.P6

Batres, R., García-Calderón, L. (2006). *Competitividad y desarrollo Internacional. Cómo lograrlo en México.* México: Mc Graw Hill.

BID.(2015) se puede consultar en http://www.iadb.org/es/temas/ciudades-emergentes-y-sostenibles/implementacion-del-enfoque-de-la-iniciativa-ciudades-emergentes-y-sostenibles,7641.html.

Bruntland, G, ed., (1987). *Our common future: The World Commission on Environment and Development* (Nuestro futuro común: La Comisión Mundial sobre Desarrollo y Medio Ambiente). Oxford: Oxford University Press

Cuéntame. (2015*). Información por entidad.Tamaulipas se puede consultar en: http://www.cuentame.inegi.org.mx/monografias/informacion/tam/poblacion/educacion.aspx?tema=me&e=28*

EGAP. (2010). *La competitividad de los estados mexicanos 2010, fortalezas ante la crisis.* ITESM.

El Economista. (2014). *¿Cuál ciudad tiene la mayor riqueza por habitante?* Se puede consultar en: http://eleconomista.com.mx/inventario/2014/04/09/cual-ciudad-mexico-tiene-mayor-riqueza-habitante

Instituto Nacional para el Fomento de la Calidad, 2010. *Modelo Nacional para la Competitividad de Micro y Pequeñas empresas 2011.* Consultado el 25 de Noviembre del 2012 en: http://www.competitividad.org.mx/images/stories/PNCModeloPymes2011-2.pdf

IMCO. (2014). *Indice de competitividad urbana 2014. ¿Quién manda aquí? La gobernanza de las ciudades y el territorio en México* Consultada en Junio del 2016

en: http://imco.org.mx/indices/documentos/2014_ICU_Libro_La_gobernanza_
de_las_ciudades_y_el_territorio_en_Mexico.pdf

IMCO. (2015). *Ciudades competitivas y sustentables 2015*. Se puede consultar en:
http://imco.org.mx/wp-content/uploads/2015/10/2015-Ciudades_Competitivas-
Documento.pdf

Lerma, A. (2000). *Comercio Internacional. Metodología para la Formulación de
Estudios de Competitividad Empresarial*. México. ECAFSA.182-212.

López, M.; López, M. y Pérez, S. (2004). *Hacia una competitividad integral de las Pymes
en la era del conocimiento*. Ponencia Congreso ACACIA, Mayo 2004.

Observatorio Laboral. (2014).*Panorama anual 2013-20214. Resumen ejecutivo* se
puede consultar en: http://www.observatoriolaboral.gob.mx/work/models/ola/
Resource/253/2/images/Panorama_ejecutivo_2013_2014.pdf

Porter, M. (2005). *La Ventaja Competitiva de las Naciones*. Buenos Aires: Editorial Vergara.

Sánchez, A. (2008). *Conocimientos fundamentals de Geografía. Volumen II*. UNAM

Se puede consultar en: http://www.conocimientosfundamentales.unam.mx/vol2/
geografia/m01/t01/01t01s04.html

Schuller, B., & Lidbom, M. (2009). *Competitiveness of Nations In The Global Economy.
Is Europe Internationally Competitive?* Economics y Management, 14, 934-939.

Situación migración. *(2015). Primer semestre 2015. Análisis económico se
puede consultar en: http://www.observatoriolaboral.gob.mx/work/models/ola/
Resource/253/2/images/Panorama_ejecutivo_2013_2014.pdf*

Sobrino. (2010). Competitividad urbana. Una perspectiva global y para
México, México, El Colegio de México, 2010. Se puede consultar en: http://
ciudadanosenred.com.mx/la-competitividad-urbana-en-un-nuevo-libro/

SNIE.(2014). *Estadísticas del Sistema Educativo. Tamaulipas. Ciclo escolar 2013-2014 se
puede consultar en: http://www.snie.sep.gob.mx/descargas/estadistica_e_indicadores/
estadistica_e_indicadores_educativos_28TAMPS.pdf*

STPS. (2016). Información Laboral, Subsecretaría de empleo y productividad laboral. Se puede consultar en: http://www.stps.gob.mx/gobmx/estadisticas/pdf/perfiles/perfil%20tamaulipas.pdf

3

Análisis de Competitividad de Pymes en Ciudades Emergentes, caso Ciudad de Altamira, Tamaulipas.

Dr. Juan Antonio Olguín Murrieta.

Dr. Julio César Barrientos Cisneros

Análisis de Competitividad de Pymes en Ciudades Emergentes, caso Ciudad de Altamira, Tamaulipas.

RESUMEN.

Al analizar la participación de las pymes en la economía del país, resulta que son de gran importancia para el sustento de miles de familias, sin embargo, podemos apreciar que es un sector de empresas altamente vulnerables. La presente investigación tiene como objeto determinar cuáles son los principales factores que restringen el crecimiento de éstas en la Cd. y Puerto de Altamira Tamaulipas, es descriptiva-cuantitativa con un diseño no experimental de tipo transversal, para lo cual se utilizó un instrumento de medición consistente en una encuesta, misma que se aplicó a 54 empresas ubicadas en la zona centro de la Cd. de Altamira. Los resultados indican que son varios los factores considerados limitativos para el crecimiento de éstas empresas en dicha ciudad, entre los cuales podemos mencionar la falta de planeación, la capacitación, la inseguridad actual de la zona, la falta de fuentes de financiamiento y el desconocimiento de programas de apoyo; que repercuten en su consolidación.

Palabras clave: Empleo, Competitividad, Planeación, Pymes, competencia.

ABSTRACT.

When we analyze Small and Medium Enterprises (SME´s) share in our country economy, we can see they are very important for too many families income, whatever, we can see they are a very week set of enterprises. In this work, our objective is define which are the main reasons that are making a very small growth in Altamira, Tamaulipas, besides it is a descriptive - quantitative research with a non-experimental design of transverse kind, and a survey was applied in 54 enterprises located in Altamira downtown. Results obtained in this survey show that there are several reasons what are stopping their growth, such as: lack of planning, bad training, lack of security in the zone, no financing sources and ignorance of support programs, which have effects in their consolidation.

Key words: Employment, Competitiveness, Planning, SME´s, Competition.

1.1.- ANTECEDENTES.

La economía de un país, una zona o una región, dependen en gran medida del éxito que puedan tener los inversionistas (empresarios), con los negocios que decidan crear. Dentro de este tipo de inversionistas se encuentran aquellos que deciden arriesgar su incipiente capital dado que no tienen acceso a un empleo digno o bien porque deciden convertirse en empresarios, siendo éstos los creadores de las pequeñas y medianas empresas, mejor conocidas como PyMes.

Sin embargo, en nuestro país como en muchos países más, este segmento de empresas es muy frágil, es decir muy débiles desde su creación, por lo que su éxito como tal no está garantizado, siendo muchas y muy diversas las causas que pueden originarlo, desde la falta de conocimientos del empresario sobre cómo administrar una empresa, hasta el desconocimiento de quién será su competencia y/o a que mercados dirigirse

En el manual para la promoción de las PyMes Mexicanas de Rafael Espinosa Mosqueda, se mencionan los problemas más comunes que enfrentan este tipo de organizaciones, para Gelmetti (2006) las debilidades y problemas que son preocupantes para el crecimiento de este tipo de empresas son:

1.- Management con visión de corto plazo: La falta de una planificación a mediano y largo plazo, que provoca una gestión de carácter reactivo.

2.- Escasa atención al tema de calidad: las PyMes al no darle importancia a la calidad de sus productos o servicios así como a la producción de los mismos, llegan a perder clientes por la razón que hacen automáticamente las operaciones de vender y producir.

3.- Deficiente tecnología de producción: *la incorporación de equipamiento de última tecnología es insuficiente, tampoco muestran mejoras sustanciales en sus instalaciones.*

4.- Bajo nivel de información: *en los momentos actuales la información debe ser rápida, veraz y oportuna, de otra forma las empresas se vuelven lentas y obsoletas en su gestión.*

5.- Productividad insuficiente: *las PyMes presentan un bajo nivel de productividad debido al equipamiento tecnológico, otras veces por la falta de motivación y compromiso que existe entre los trabajadores.*

6.- Escasas y caras fuentes de financiamiento: *las dificultades financieras han sido una causa constante para su desenvolvimiento, máxime por las crisis económicas que han debido soportar.*

7.- Recursos Humanos poco calificados: *la visión de que un mejor y más calificado personal solo incrementa los costos atenta contra un mejor performance de la empresa.*

8.- Estructuras organizativas inadecuadas: la velocidad del cambio y las formas de gestión, suelen dejar obsoletas las formas organizativas de las PyMes.

9.- Escasa atención a los mercados externos: *pocas son las empresas que entienden que los mercados ahora son globales o como mínimo regionales.*

Las PyMes en Tamaulipas, representan aproximadamente la tercera parte de las empresas que existen en el estado, lo que nos dice el nivel de importancia que tienen, a nivel nacional este segmento de empresas tiene una distribución bastante similar, sin embargo la fragilidad de las mismas hace necesario investigar que variables las vuelven tan vulnerables, con el fin de implementar acciones que permitan su aparición, estabilización y crecimiento, logrando de esta forma mejorar la economía de la zona donde se encuentren, a través principalmente de la generación de empleos.

1.2.- Planteamiento del Problema.-

Actualmente las empresas pequeñas y medianas han adquirido gran importancia en la economía del país por ser las que contribuyen más al PIB nacional, así como generar miles de empleos, es por eso que en estos últimos años ha surgido la inquietud de estudiarlas para encontrar más y mejores maneras de apoyar a estas empresas, normalmente este tipo de organizaciones nacen como empresas familiares que se crearon con el fin de proporcionar servicios a una limitada población y generalmente por necesidad económica de la familia, sin embargo, y una vez que han superado en promedio los seis meses de operación, empiezan a visualizar un horizonte más amplio e intentan crecer, ya sea ampliando la oferta de productos o servicios o bien expandiéndose al crear nuevas sucursales que implican mayores gastos en todos los aspectos y es ahí donde la mayoría de estos negocios empiezan a encontrar problemas que les impiden alcanzar sus objetivos y como consecuencia su permanencia en el mercado está destinada al fracaso; siendo en este momento cuando la empresa entra en la etapa de declinación (de acuerdo al ciclo de vida) y salvarla se vuelve una misión imposible, lo que origina "daños colaterales" a la economía de la zona donde se encuentra asentada, con la pérdida de fuentes de empleo y la pérdida económica para el inversionista o familia que la haya creado

1.3.- Objetivos de la investigación.-

1.3.1.- Objetivo general.-

Identificar los principales factores que limitan el crecimiento o afectan la estabilidad de las PyMes que se encuentran ubicadas en la zona centro de la Cd. y Puerto de Altamira, así como identificar que limitaciones presentan que impidan que las empresas alcancen un mayor nivel de competitividad, conocer el tiempo de vida promedio que presentan estas empresas y finalmente determinar el o los factor(es) principal(es) que limita(n) el crecimiento y/o permanencia de éstas empresas, ya que de su éxito depende en cierta medida la economía de la zona centro de esta ciudad.

1.3.2.- Objetivos específicos.-

A).- Definir el tipo de investigación a realizar.
B).- Estructurar el instrumento (encuesta) para la investigación.
C).- Analizar los resultados de las encuestas.
D).- Realizar una propuesta.

1.4.- Justificación.-

Cuando una persona (inversionista) decida apostar por la creación de su propia empresa, nunca lo hace pensando en que la misma vaya a fracasar, por el contrario, tiene todas sus ilusiones puestas en el negocio; por lo tanto, la lógica indica que si se le brinda ayuda y orientación que le permita sacar adelante la empresa, será benéfico para el inversionista, para la economía de la región y para el estado; ya que se requerirá de emplear más y mejor pagado personal, con los consiguientes beneficios que esto trae, en pocas palabras todos ganan.

1.5.- Delimitaciones.-

La investigación se llevará a cabo en pequeñas y medianas empresas comerciales de la ciudad y puerto de Altamira en el estado de Tamaulipas, y se realizará durante el primer semestre de 2016, para lo cual se utilizará un muestreo no probabilístico de tipo por conveniencia, dadas las condiciones imperantes en la zona

II.- MARCO TEÓRICO.-

Durante los últimos años se ha escuchado mucho sobre los países que pudieran emerger como grandes potencias económicas, tanto en América Latina que impactarían de manera directa sobre nuestro país, como en el resto del mundo.

De acuerdo con Hernández (2007) China se podría convertir para el 2020 en la primera economía del mundo, lo que hace que nos preguntemos del porque México que tiene una mano de obra ampliamente demandada, una posición geográfica en teoría envidiada por muchos países con salidas al Atlántico y al Pacífico y una serie de acuerdos comerciales con grandes potencias del mundo; no es visualizada de manera positiva hacia el futuro inmediato.

Muchas son las variables que pueden estar interactuando en contra para que las empresas PyMes en nuestro país no tengan el crecimiento y desarrollo esperado, según Mercado (2008). Entre las características más comunes que presentan estas empresas son las siguientes:

1. Deberán servir a un mercado limitado o, dentro de un mercado más amplio a un número reducido de clientes,
2. El tamaño de estas empresas corresponde al programa de producción de cada una de ellas y a la capacidad de los empresarios para administrarla,
3. Fabrican productos, con tendencia a cierta especialización, y usan procesos sencillos de fabricación,
4. Disponen de medios financieros limitados,
5. Sus equipos de producción y su maquinaria son sencillos,
6. Cuentan con personal reducido,
7. Utilizan materias primas locales de fácil acceso, no siempre conservables, o bien semi-terminados,
8. Los empresarios cooperan personalmente en la producción, la supervisan directamente, o la dirigen mediante un número reducido de supervisores,
9. Los empresarios supervisan personalmente las ventas de sus productos,
10. Sus sistemas de contabilidad y de control son sencillos.

De acuerdo con Gómez (2007) también se encuentran las siguientes características:

1. Tienen capital proporcionado por una o dos personas que establecen una sociedad,
2. La administración es empírica,
3. Utilizan más maquinaria y equipo aunque se basen en el trabajo más que en el capital,
4. Dominan y establecen un mercado más amplio,
5. Están en proceso de crecimiento,
6. Obtienen algunas ventajas fiscales.

Cabe destacar que muchas de las características que las clasifican como PyMes, son restricciones para el cumplimiento de lo que se conoce como negocio en marcha. Para continuar con la identificación se establece su clasificación, según sea el caso, micro, pequeña y mediana empresa.

Debido a 'la variada literatura que se encuentra sobre la clasificación del tamaño de las empresas, para este estudio se toma la tabla No.1 que sugiere Gómez (2007), en la que muestra la estratificación por número de empleados en los giros industrial, comercio y de servicios.

La importancia de las pymes radica principalmente en la cantidad de empleos formales que generan con su aparición, según Gómez (2007) las pymes contribuyen al PIB en México de la siguiente manera: La contribución de las pymes en la actividad económica de México, se da principalmente en términos de:

- Empleo
- Contribución al crecimiento económico
- Desarrollo Regional
- Participación en el comercio Internacional de México.

En cuanto a su aportación en la generación de empleos tenemos lo siguiente:

- Importante generadora de empleo en México
- Generan 7 de cada 10 empleos formales
- En el 2001 la población empleada en México supero los 10 millones de trabajadores registrados en el IMSS.

Su aportación al crecimiento Económico del país se da de la siguiente forma:

- Contribuyen con más del 40% del PIB de México
- En el 2001 alcanzó un PIB alrededor de 600 mil millones de dólares
- En el 2001 las Pymes contribuyeron al PIB con alrededor de 240 mil millones de dólares.

Así mismo, este segmento de empresas se encuentra distribuido en las Actividad Sectorial de la siguiente manera:

a).- El 51% en la actividad comercial
b).- El 36% en el sector servicios
c).- El 13% en actividades Industriales.

II.1.- La Importancia de las pymes en Tamaulipas

Según Jiménez et al. (2007), en el sur de Tamaulipas (Tampico, Madero y Altamira), el problema de las PyMes presenta características semejantes a las del resto del país. El clúster químico y petroquímico que se ha creado con la idea de consolidar este sector, no alcanza a favorecer a todos los sectores económicos, y sólo las grandes empresas instaladas en dicho complejo han presentado características de crecimiento y bienestar.

Los mismos autores indican que desde hace 9 años el Producto Interno Bruto (PIB) de Tamaulipas, ha aumentado cada año por arriba del crecimiento nacional en un 3.2 por ciento de 1993 a 1997. Es la región donde se acentúa el crecimiento del país en un 6.5 por ciento de 1998 a 2000. El PIB a precios constantes de Tamaulipas creció durante el 2001 en un 5.4 por ciento. Con ésta tasa se ubica como la entidad con mayor crecimiento económico durante el 2001.

De acuerdo con una investigación realizada en varios estados sobre el perfil económico de las pymes, se obtuvieron datos relevantes para éste estudio, así, de acuerdo con la Red PYMES-Cumex, (2010) las empresas ubicadas en Tamaulipas se encuentran distribuidas por su tamaño y personal ocupado, de la siguiente forma (Se debe considerar que para el año actual las cifras pudieron haber variado, sin embargo es una referencia importante, de la que solo se tomarán los datos que nos interesan para la investigación):

a).- Las pequeñas empresas ocupaban 58,338 empleados, representando un 11% del total de las empresas establecidas.

b).- Las empresas medianas ocupaban 90,181 personas representando un 17% del total de las empresas establecidas en el estado.

c).- También es importante destacar que en dicha investigación se encontró que Tamaulipas en el sector manufacturero, ocupa más personal que los estados de Hidalgo, Estado de México, Puebla, y Sonora, representando un 36%.

d).- De acuerdo a estos mismos datos se obtiene que del total de las empresas que se encuentran en Tamaulipas, el 14.7% se encuentran ubicadas en Tampico, superado solo por Reynosa, que presenta un 15.1%.

Se obtuvieron además los siguientes datos del estado de Tamaulipas:

- La edad promedio de los propietarios es de 47 años.
- De los propietarios el 79% son hombres y el 21% son mujeres.
- De los propietarios el 58% cuenta con una licenciatura (de los cuales el 45% del total cuentan con una carrera económica-administrativa)
- En el 19% de las empresas, sus propietarios han creado un negocio con anterioridad
- El promedio de tiempo que tienen los propietarios como dueños del negocio es de 15 años, destacando que el 60% son de primera generación.
- El 91% de estos propietarios participan plenamente en las actividades del negocio. El 73% de los negocios fueron apoyados económicamente por familiares para su creación.
- El 3% tuvieron un crecimiento nulo, 23% bajo, 61% mostraron tener un crecimiento medio, y solo el 12% tuvieron un crecimiento alto.
- Respecto al aumento en el número de empleados el 43% tuvo un aumento medio y sólo el 4% un aumento alto en lo correspondiente al personal.
- En inversión en maquinaria y equipo el 46% tuvo un aumento medio y el 11% un aumento alto.
- Un dato interesante y bueno es que para la toma de decisiones en las pymes de Tamaulipas el 81% lo hace en base a información financiera, comparándola con el estado de México en el que solo el 49% lo hace de esta forma.
- Sin embargo solo el 21% cuentan con un plan de desarrollo documentado, lo que las hace vulnerable a la variación de sus proyectos.
- Además queda por debajo de los otros Estados mencionados anteriormente en cuestión de procedimientos documentados con un 32%.

De los datos expuestos anteriormente, se puede concluir que en Tamaulipas las pymes presentan una gran deficiencia en lo que a planeación y organización de sus negocios se refiere, independientemente del uso de la tecnología y el cuidar la calidad de sus productos y/o servicios, los resultados expuestos en este documento muestran áreas de oportunidad muy específicas para este sector de empresas, de manera que puedan verse ampliamente beneficiadas con los resultados que de esto se derivaría.

II.2.- Restricciones a las PyMes.

Existen diversas limitantes que impiden que las pequeñas y medianas empresas perduren con una estabilidad económica buena, incluso no permiten que aspiren a crecer. Para efectos de esta investigación se considerarán como restricciones los impuestos, financiamiento, organización y administración, tecnología, localización, la inseguridad, publicidad y finalmente falta de asesoramiento; mismas que se explicaran a continuación, dando margen a agregar las que surjan durante el desarrollo de investigación.

La carga tributaria (Impuestos) a la que deberán estar sujetas las empresas dependerá de la forma en que se constituyan. Cuando se trate de una persona moral se regirá por el título II de la Ley del Impuesto Sobre la Renta, cuando se trate de una empresa persona física estará regida bajo el título IV de la misma ley.

Se entiende por actividades empresariales según el artículo 16 del CFF, las siguientes:

a).- Comerciales,
b).- Industriales,
c).- Agrícolas,
d).- Ganaderas,
e).- Pesqueras y silvícolas.

De acuerdo con Latapí (1999) los principales impuestos son:

- Ley del Impuesto Sobre la Renta (ISR)
- Ley del Impuesto al Valor Agregado (IVA)
- Ley del Impuesto Especial Sobre Producción y Servicios (IESPS)
- Ley del Impuesto Sobre Automóviles Nuevos (ISAN)

- Ley de Tenencia y Uso de Vehículos (Dependiendo el Estado)

Sin embargo es importante señalar que los impuestos a los que se hagan acreedoras las pymes dependerán de la actividad a la que se dediquen. En cuanto al Financiamiento consideraremos las limitantes que propone Mercado (2008), quién coincide con Gómez (2007), que lo llamó falta de liquidez y establece que es

a).- La escasez de recurso económico que presentan los propietarios y administradores para conseguir los recursos necesarios que les permita la utilización creciente de sus equipos e instalaciones, recursos técnicos y naturales.

b).- La mayoría de las empresas están carentes de financiamientos y por lo tanto no pueden comprar el equipo necesario, o financiar sus compras de materias primas y los pagos de salarios, razones por las cuales las empresas pequeñas están en desventaja con respecto a las grandes empresas:

1- El costo de manejo de pequeños préstamos los hace poco atractivos por las instituciones financieras.
2- El costo de investigación de la capacidad de crédito de estos negocios es generalmente costoso para el medio financiero.
3- El riesgo de un desfalco tan fácilmente producible en los pequeños negocios.

Esto se debe más que nada al hecho de no contar con **planes de negocios** estables que garanticen confiabilidad por parte de las instituciones de crédito hacia el buen funcionamiento de la empresa.

De acuerdo a una encuesta realizada en Estados Unidos se encontró que las principales causas de quiebra en los pequeños negocios fue un 97% de causas administrativas. Con esto tenemos un antecedente de lo que sucede en un país desarrollado, invitando a pensar en lo que podemos esperar para México. Este factor repercute directamente sobre el financiamiento, ya que los administradores deben tener los conocimientos necesarios para efectuar correctamente las operaciones relacionadas con este aspecto.

II.3.- Limitantes generales.-

Tecnología.-

Es muy común encontrar problemas técnicos en la mayoría de los proyectos de factibilidad o de inversión, casi siempre por la limitación de recursos y esta limitación de recursos hace que se enfrenten al problema de no encontrar una relación entre la capacidad efectiva y la capacidad deseada. Este problema se pone en evidencia cuando se analizan las capacidades de las diversas máquinas y los empresarios se encuentran con que tienen capacidades diferentes y tienen que instalar diversos números de máquinas para obtener un flujo de producción más o menos uniforme y evitar lo más que se pueda los cuellos de botella.

La falta de tecnología moderna en las empresas pequeñas se manifiesta en la calidad del producto, los volúmenes reducidos con los que participa en el mercado y en los altos costos que producen, así como en la reducida mano de obra especializada que ocupan. Y como infiere Gómez (2007) el 70% de las pymes no cuentan con base tecnológica instalada, lo que sitúa a este aspecto como una grande limitante en el crecimiento de las pymes.

Localización.-

Es un problema que debe revisarse al momento de la creación de la empresa, ya que si se ubica a la empresa en un lugar que no es tan concurrido, no se tendrán los resultados esperados.

Empresarios a los que se les ofrecen negocios ya establecidos y de inmediato no puede modificar algunas condiciones.

Además de los mencionados anteriormente se pueden citar aquellos aspectos actuales que no solo afectan a estas empresas, sino también a la población en general

La inseguridad.- Actualmente la inseguridad ha sido un factor que ha afectado a las pymes, ya que la gente sale menos por el temor que se vive en las calles.

Publicidad.-

Como se está abordando un tema que incluye empresas que por lo general no están tan asesoradas en su creación y desarrollo, no se toma en cuenta el dar a conocer su apertura y esto favorece el desconocimiento de la población.

Falta de asesoramiento.-

Se mencionaba en Red PYMES-Cumex, (2010) que solo el 58% de los propietarios cuentan con una licenciatura, ¿pero qué pasa con aquellos propietarios que no tienen estudios de este nivel?

Nos podríamos encontrar con varias situaciones, que con la experiencia y asesoramiento de terceras personas conozcan programas de gobierno que los apoye en la creación y/o crecimiento de su empresa o bien que no tengan al menos el conocimiento de dichos programas

II.4.- Desaparición de las pymes.-

Aunque las diferencias empresariales entre México y otros países pueden ser muy significativas, es importante tomarlas en cuenta para considerar un antecedente de lo que sucede en otros países y las razones, para evitar o en su caso propiciar que suceda en México. Por ejemplo Ventura y González (2007) consideran que una causa de la muerte de las pymes en Argentina es que nacen por necesidad, esto se aplica de forma que las empresas artesanales que en su inicio fueron creadas para satisfacer necesidades de los económicas de los fundadores, al intentar llegar a un mercado más grande no pueden hacer frente a los costos que surgen.

Así mismo, sugieren los mismos autores, la necesidad de subvencionar en los primeros años de vida y acompañarlos en la gestión de los mismos hasta que el volumen de producción les permita estar en igualdad de condiciones con proyectos estables y permanentes.

Si bien, lo antes mencionado surge de una situación existente en Argentina, se apega mucho a la realidad que vivimos en México.

De acuerdo con Gómez (2007) las Pymes no tienen un alto grado de sobrevivencia ya que el 65% desaparece a los dos años de creadas, y sólo el 25% sobrevive con pocas posibilidades de desarrollo. Considerando que las Pymes son la principal fuente de empleos en México se hace necesario destacar que de diciembre de 2002 a julio de 2003, se perdieron 27,883 empleos totales (trabajadores eventuales y permanentes) siendo que el 95% de esa cifra corresponde a las Pymes.

III.- Metodología.-

La presente investigación se enfocó en un estudió de tipo Descriptivo-Cuantitativo, con un diseño de carácter no experimental de tipo Transversal. Para la obtención de la información se aplicó un instrumento de medición, el cual consistió en una entrevista construida en base a las posibles restricciones de crecimiento encontradas durante la revisión de la literatura. La citada entrevista fue aplicada a una muestra de Pequeñas y Medianas Empresas (constituida por 113 empresas), ubicadas en la zona centro de Altamira principalmente, determinada mediante muestreo no probabilístico, considerando los sectores de industria, comercio y servicios.

Normalmente nos encontramos con que al ser empresas que surgieron de una manera familiar al crecer se encuentran con factores que ya no pueden enfrentar con la facilidad que lo hacían anteriormente y nos encontramos con diversos limitantes que si bien no la eliminan, restringen su crecimiento.

IV.- Resultados.-

La aplicación de las encuestas se llevó a cabo gracias a la participación de los dueños y/o encargados de las distintas empresas que se visitaron en la zona centro y periferia de la Ciudad de Altamira en el estado de Tamaulipas. Los resultados de las mismas se presentan en las siguientes gráficas:

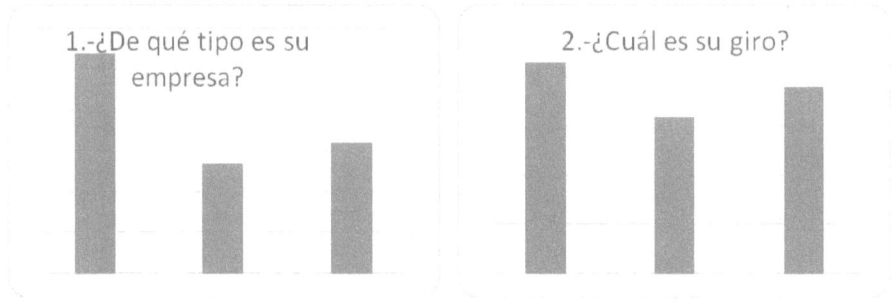

Fuente: Elaboración propia.   **Fuente: Elaboración propia.**

De acuerdo a los resultados de la muestra en la gráfica No.1 se aprecia que la mayor parte de las empresas asentadas en Cd. Altamira Tamaulipas son de tipo familiar, así como también la mayoría de ellas son de tipo comercial y de servicios.

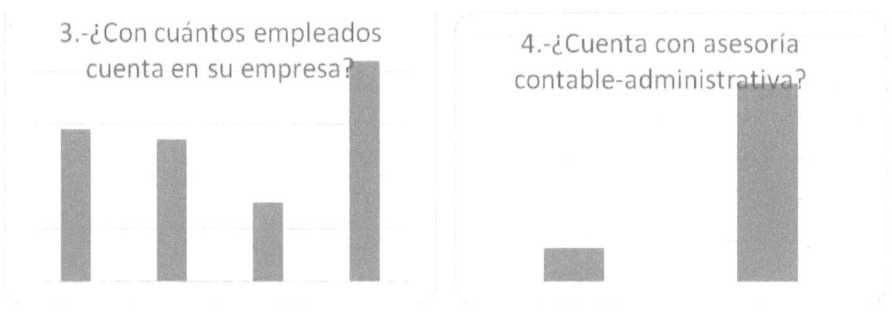

Fuente: Elaboración propia.   **Fuente: Elaboración propia.**

En la gráfica No.3 podemos apreciar como se distribuye la oferta de empleos en las empresas PyMes de Altamira; mientras que la gráfica No.4 nos dice que la mayoría de las empresas encuestadas NO cuentan con asesoría Contable-administrativa, lo que les genera cierta vulnerabilidad.

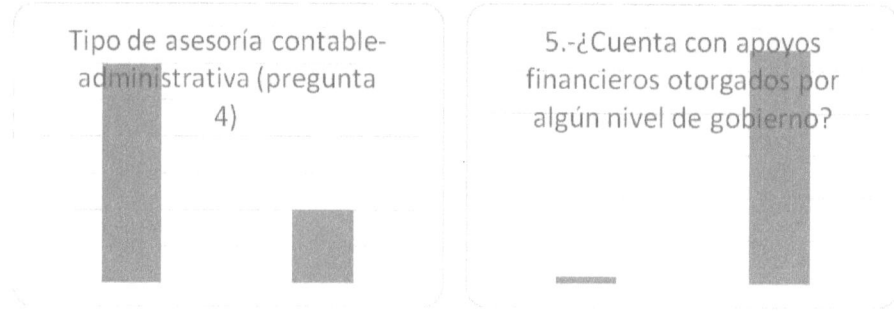

Fuente: Elaboración propia   **Fuente: Elaboración propia**

Al cuestionársele a los empresario que tipo de asesoría contable-administrativa recibían, su respuesta en las pocas empresas que lo hacían fue que en su mayoría fue de tipo "Interna". La gráfica No.5 nos refleja que más de 100 empresas de las 113 encuestadas NO recibe apoyo financiero de ningún nivel de gobierno, lo que coincide con ciertos autores.

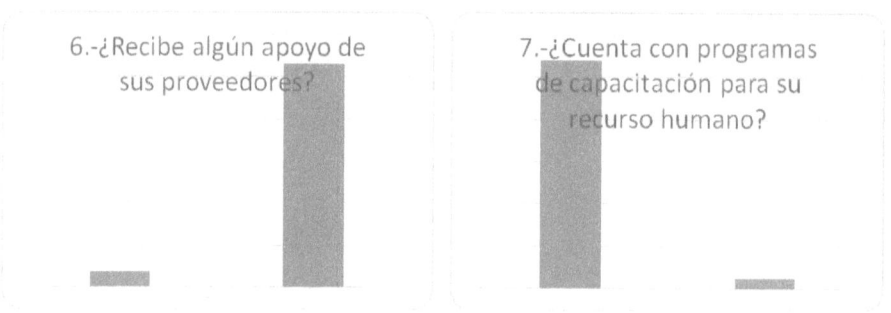

Fuente: Elaboración propia   **Fuente: Elaboración propia.**

Se preguntó a los empresarios si de parte de los proveedores recibían algún tipo de apoyo y la respuesta fue contundente, más de 100 empresas dijeron que NO recibían apoyo de sus proveedores. También se les pregunto si contaban con algún programa de capacitación y más de 100 empresas dijeron que SI lo tenían, de ser cierto esto atenúa un poco las otras carencias.

Fuente: Elaboración Propia   Fuente: Elaboración Propia.

Al cuestionárseles a los empresarios el tipo de capacitación que recibían, esta fue variada y se puede apreciar en la gráfica correspondiente (No.7). Uno de los aspectos que se buscaron medir fue la intención del empresario por expandirse y al preguntarsele al respecto, más de 100 empresas dijeron NO tenerlo contemplado, es decir, al parecer no pretenden crecer, problema hasta cierto punto común con los empresarios de este tipo en nuestro país.

Fuente: Elaboración Propia   Fuente: Elaboración Propia.

Sobre la exigencia de sus clientes en cuanto a los productos y/o servicios que les proporcionan, al parecer y de acuerdo a lo que se visualiza en la gráfica No.9, prácticamente todas las empresas respondieron que si lo son y la gráfica contigua muestra que los clientes lo son en la calidad de los productos y servicios que requieren de los empresarios.

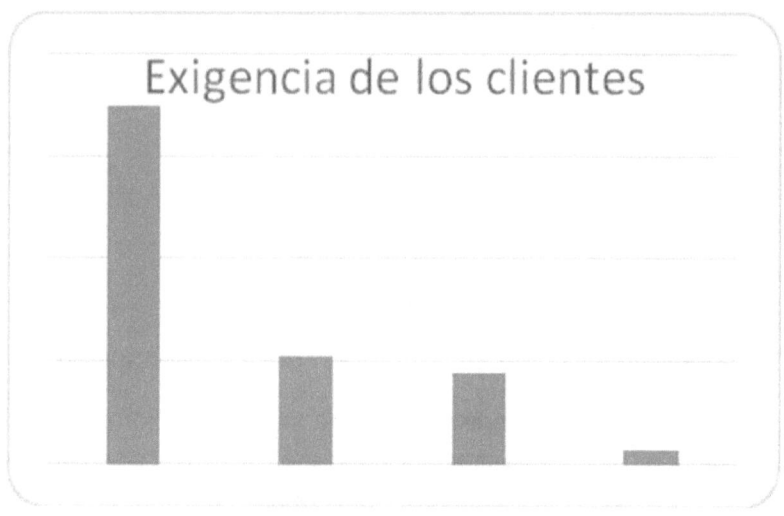

Fuente: Elaboración Propia.

Finalmente se le preguntó a los 113 empresarios visitados si es que realizaban un Plan de Negocio para su empresa y más de la mitad de los empresarios dijeron que siempre lo realizaban, el resto se puede apreciar en la Gráfica No.10

V.- CONCLUSIONES.-

Como bien se ha podido apreciar en los resultados mostrados, las PyMes de la ciudad y puerto de Altamira en el Estado de Tamaulipas, muestran ciertas carencias o debilidades que hacen que el período de vida de las mismas se vea amenazado en el futuro. Entre las principales características identificadas en esta investigación se tienen las siguientes:

La mayor parte de las empresas son familiares tal como se puedo apreciar en la gráfica correspondiente y con los problemas que tienen este tipo de empresas en el aspecto administrativo, siendo en su mayor parte del tipo comercial y de servicios.

Se puede apreciar también que son empresas que no reciben apoyo de ninguno de los tres niveles de gobierno, tal vez porque no saben de la existencia de apoyos financieros o probablemente porque los trámites son muy difíciles y prefieren trabajar con sus recursos propios.

Finalmente se puede observar que cerca del 50% de las empresas encuestadas no realiza un Plan de Trabajo para llevar a cabo en su empresa, esto refleja una debilidad en el aspecto de administración. Independientemente de la inseguridad que se vive en la actualidad en la zona sur del estado de Tamaulipas.

Por lo anterior es necesario que existan campañas de apoyos hacia este tipo de empresas para mejorar sus áreas de oportunidad y ayudar al crecimiento de la economía del país y crear un mayor número de fuentes de empleo.

REFERENCIAS BIBLIOGRAFICAS.

Código Fiscal de la Federación art 2, 16

Comité fiscal. (2011), Ley del Impuesto Sobre la Renta, México, ed. Fiscales Isef, S.A

Espinosa Mosqueda Rafael.(2013). Manual para la promoción de las PYMES Mexicanas, Cap. 1.2.3. Los problemas más comunes de la pequeña y mediana empresa. Ed. Eumed.net

Gómez, M. (2007). El futuro de las pymes en el marco del T. L. C. Organización Latinoamericana de Administración, México, p. 71-83, Disponible en: http://www.eumed.net/libros/2007b/274/274.zip

Hernández, F. (2007) China oportunidad para la internacionalización de las empresas mexicanas y el desarrollo local al 2010.Universidad Autónoma de Tamaulipas. México, p. 488-500, disponible en: http://www.eumed.net/libros/2008a/356/indice.htm

Jiménez, L., Garza, Ma. A., Bocanegra, Ma. A. La aplicación de un modelo de cooperación empresarial, Estrategia competitiva en la globalización. Caso: "pymes en el sur de Tamaulipas" (problemática en la aplicación de los modelos de Asociación). Universidad Autónoma de Tamaulipas, México, p.48-71, disponible en http://www.eumed.net/libros/2008a/356/indice.htm

Latapí, M. Introducción al estudio de las contribuciones. México 1999, McGraw-Hill. p 72

Mercado, S. (2008).Administración de pequeñas y medianas empresas. Estrategias de crecimiento (2ª. ed.). México: Pacj. p 7-8, 307-315.

Red PYMES-Cumex, (2010). Un estudio comparativo del perfil financiero y administrativo de las pequeñas empresas en México: entidades del Estado de México, Hidalgo, Puebla, Sonora y Tamaulipas. Resultados finales. Revista del

Centro de Investigación. Universidad La Salle, Enero-Junio, 5-30. Disponible en: http://redalyc.uaemex.mx/src/inicio/ArtPdfRed.jsp?iCve=34213111001

Ventura, S., González, A., (2007). La mortandad de las pequeñas y medianas empresas, Organización Latinoamericana de Administración. Argentina, p. 26-37, Disponible en: http://www.eumed.net/libros/2007b/274/274.zip

Los procesos de cambio en la Administración Pública mediante Mapas Estratégicos Fuzzyficados y Agentes Inteligentes: "Indicador de Gestión Pública Moderna de acuerdo con la Metodología ICES del BID"

Dr. Javier Guzmán Obando

Mtra. Juana María Vázquez Pimienta.

Los procesos de cambio en la Administración Pública mediante Mapas Estratégicos Fuzzyficados y Agentes Inteligentes: "Indicador de Gestión Pública Moderna de acuerdo con la Metodología ICES del BID"

Resumen

El objetivo de este trabajo consistió en determinar el dominio sobre el uso de las TIC en la administración pública para comprobar su posición competitiva en este rubro.

Para este fin se realizó un trabajo de campo entrevistando a la persona encargada de sistemas de la empresa. Su desarrollo se estructura en tres partes, primera: una introducción explicando el problema de investigación; segunda: un marco teórico referido a la importancia de las Tecnologías de la Información y las Comunicaciones (TIC) y su aplicación en la administración pública; y, tercera: se establece la metodología, se fundamenta el análisis y conclusiones.

En este artículo se realiza un análisis que permita determinar la viabilidad e la importancia de elaborar una herramienta tecnológica que facilite la ejecución de estrategias de forma que las acciones, actividades y tareas que se realizan en una entidad u organización pública sean coherentes con las estrategias concebidas y diseñadas.

Esta propuesta se enmarca en demostrar la viabilidad y constatación de las necesidades de estimular el cambio dentro de la ejecución correcta de una estrategia: hacer que el estudio de viabilidad abra el camino a que las computadoras personales ayuden a comprender la estrategia y asesoren qué acciones los funcionarios deben priorizar para maximizar los resultados previstos en el marco de dicha estrategia.

Los principales hallazgos permiten determinar que el grado de uso de TICs por parte de la administración pública en Altamira es incipiente, lo que estaría restándole competitividad para hacer frente a un mercado globalizado; por lo que se desarrolla un estudio metodológico que certifique la necesidad de implementar cuadros de mando y mapas estratégicos, basados en sistemas difusos, consistentes en la representación de sensibilidad y valor de todo tipo de segmento dentro de la misma institución pública.

Palabras clave: Procesos de cambio, Administración Pública, Mapas Estratégicos, Agentes Inteligentes

Abstract

The aim of this study was to determine the domain on the use of ICT in public administration to check its competitive position in this area.

For this purpose fieldwork was conducted by interviewing the person in charge of enterprise systems. Its development is structured in three parts, first: an introduction explaining the research problem; second: a theoretical framework on the importance of ICT and its application in public administration; and, third, the methodology is established, analysis and conclusions are based.

An analysis was realized to determine the feasibility and the importance of developing a technological tool to facilitate the implementation of strategies so that the actions, activities and tasks performed in an entity or public organization are consistent with strategies designed.

This proposal is part of demonstrating the feasibility and finding needs to stimulate change within the proper execution of a strategy: make the feasibility study will open the way to personal computers help understand the strategy and advise what actions officials should prioritize to maximize the expected results within the framework of this strategy.

The main findings help determine the degree of use of ICT by the public administration in Altamira is emerging, which would be dismissing competitiveness to face a globalized market; so a methodological study certifying the need to implement scorecards and strategy maps based on fuzzy systems, consisting of the representation of sensitivity and value of all types of segments within the same public institution develops.

Keywords: Processes of change, Public Administration, Strategy Maps, Intelligent Agents

1 Introducción

La Iniciativa de Ciudades Emergentes Sustentables (ICES), es una metodología basada en una serie de indicadores, que en la primera etapa propone el diagnóstico de una ciudad o zona conurbada para poder planear las acciones futuras de mejora; la cual ha sido desarrollada por el BID (Banco Interamericano de Desarrollo) (BID, 2015).

Una de las dimensiones de ICES que pretende determinar el uso de las TIC en la administración pública es la de Sostenibilidad fiscal y gobernabilidad, en la que su pilar principal son los mecanismos adecuados de gobierno, cuyos temas principales son Gestión pública moderna y sistemas modernos de gestión pública municipal. Para contar con ello, en las administraciones tanto públicas como privadas, se deben hacer cambios considerables en los procesos para el buen funcionamiento de las mismas.

Muchos cambios están ocurriendo a nivel mundial, exigiendo una nueva postura por parte de las administraciones públicas, que no se pueden quedar observando y dejar que las cosas sucedan sin nada que hacer, pues esto puede acarrear inseguridad en cuanto al propio futuro de la propia administración pública. Hay algunos procesos que vienen como un huracán y no piden permiso para entrar, provocando una rápida inestabilidad si no se está preparado gerencialmente para dichos procesos de cambio o de nuevas estrategias. La alternativa, muchas veces, es saber lidiar con lo ocurrido intentando sacar el mejor provecho de la situación.

En general, al implementar el proceso de cambio, generalmente su decisión no es compartida por todos los funcionarios, encontrando muchas opiniones totalmente contrarias a su ejecución. Muchas veces las personas no se comprometen con el cambio porque no saben lo que va a pasar, por no saber cómo actuar, a razón de que lo nuevo no es algo definido, por lo tanto una forma de defenderse de lo desconocido es agarrándose de lo conocido y, consecuentemente negando lo nuevo.

Un proceso de cambio ocurre de forma muy eficiente si todos están comprometidos con él, en tanto para que las personas se comprometan no pueden ser atropelladas por el proceso como si fueran algo ajeno al mismo, el cambio ocurre a través de las personas. Y para que se considere a las personas como parte del proceso de cambio es necesario conocer sus valores, sus creencias, sus comportamientos y construir eficazmente una metodología con la suficiente tecnología que integre todos estos componentes. Es por eso que considerando la actual popularidad por las tecnologías de la información, las administraciones públicas poseen en sus manos una potente herramienta que actualmente no se aprovecha para la gestión de procesos estratégicos ni cambios organizacionales.

Al poseer esta herramienta, las administraciones, y tecnología avanzada como lo son los agentes inteligentes y acoplando un sistema de gestión muy conocido en el management como es el Balanced Scorecard y los Mapas Estratégicos (Kaplan & Norton, 2004), se puede construir una metodología tecnológica que permita a los funcionarios con sus diferentes valores alinearse con los nuevos planteamientos o procesos por la administración pública, y de esta manera mejorar los indicadores de la gestión pública moderna y sistemas modernos de gestión pública municipal.

El término de gerencia de cambio constituye uno de los aspectos más relevantes del proceso de globalización de la gestión de administraciones públicas, toda vez que tanto los directivos como la organización comienzan a enfrentar complejas situaciones de cambio en su entorno que no deben ser atendidas de manera dispersa, sino que requieren de una plataforma mínima que asegure con éxito el cambio o la implantación de nuevos procesos en la organización pública.

Sin embargo, realizar un proceso estratégico no es tan fácil como pudiera pensarse en un primer momento debido a la gran cantidad de elementos que involucra; además de que para ello se debe estar completamente seguros de que la administración pública pueda absorber los cambios y, muy particularmente, que sus recursos humanos comprendan su importancia y se comprometan de hecho en su desempeño, teniendo presente que el mismo es un proceso continuo que hay que tratarlo como tal y no como algo transitorio.

Por último, se quiere dejar claro que como idea central se debe considerar que para tratar cualquier proceso de cambio es necesario manejar integradamente aspectos técnicos y aspectos humanos, ya que sin capacidad para tratar los aspectos humanos el proceso de aceptación del cambio y la adopción de los aspectos técnicos propiamente del cambio o el objeto principal del cambio organizacional, en función, resultan mucho más dificultoso y hasta pueden tener una gran probabilidad de fracaso.

Objetivos de la Investigación

Objetivos Generales

Determinar el diagnóstico en cuanto al indicador de Gestión pública moderna del gobierno municipal de la Ciudad de Altamira, de acuerdo con la metodología ICES del BID.

a) Analizar el indicador Gestión pública moderna del gobierno municipal de la Ciudad de Altamira, de acuerdo con la metodología ICES del BID.
b) Determinar la estrategia de mejora de los sistemas de gestión pública del Ayuntamiento de Altamira, Tamaulipas.
c) Realizar el análisis que permita determinar la viabilidad de la importancia de elaborar una herramienta tecnológica que facilite la ejecución de estrategias de forma que las acciones, actividades y tareas que se realizan en una entidad u organización pública sean coherentes con las estrategias concebidas y diseñadas.

Objeto de estudio:

El objeto de la investigación es la subdimensión Sistemas modernos de gestión pública de la ciudad de Altamira, Tamaulipas.

Sujetos de estudio:

a) El encargado del área de Sistemas y Tecnologías de la Información del Ayuntamiento de Altamira, Tamaulipas.

Unidad de Análisis:

La unidad de análisis será el archivo de documentación técnica del área de Sistemas y Tecnologías de la Información del Ayuntamiento de Altamira, Tamaulipas.

La unidad de registro será la persona encargada del área de Sistemas y Tecnologías de la Información del Ayuntamiento de Altamira, Tamaulipas.

Delimitación de la investigación:

- Dadas las características de la investigación y los indicadores de la subdimensión de los Sistemas modernos de gestión pública, sólo se realizó el estudio en el Ayuntamiento de Altamira, Tamaulipas.
- El entrevistador fue directamente el autor principal del presente documento.
- La entrevista se llevó a cabo en el transcurso del segundo trimestre del año 2016.

Problema de Investigación:

¿Cuál será la estrategia que permita mejorar los procesos de la administración pública, a partir del diagnóstico de la Gestión Pública moderna del gobierno municipal de la Ciudad de Altamira, de acuerdo con la metodología ICES del BID?

2 Estado del Arte y Marco Teórico

Según el Boston Consulting Group, en la actualidad la estrategia de una empresa, en la mayoría de los casos, no genera los resultados esperados, debiéndose en gran parte a la resistencia al "cambio" de las personas (Peters, 1998). Por eso, en toda organización pública cada vez que una persona ejecuta una estrategia se tiene la esperanza que la realice correctamente, ya que, cuando se concibe una estrategia, se involucran varios aspectos como lo son el tiempo y el coste entre muchos otros, por eso se espera que en el momento de implementarla exista el menor riesgo de no hacerlo como se ideó.

Durante el último cuarto de la centuria pasada y en los inicios de la presente, se han abordado numerosos aspectos de cambios revolucionarios en el seno de la organización pública (Aguirre, et al., 1991), sin embargo el análisis conjunto de lo que se puede denominar dirección estratégica y evaluación del desempeño (también conocido como evaluación de gestión), ha resultado para importantes firmas definitiva; en cuanto a obtención de resultados de su gestión, obteniendo que todos estos sucesos, motiven a buscar, cada vez más, el progreso de la dirección pública con diferentes métodos sociológicos como desde un principio de la administración se ha intentado.

Con esta investigación se busca plantear una metodología nueva en la administración pública y si es el caso modificar sus lineamientos iniciales; se busca plantear diversas herramientas que traten de unificar el aspecto relacional (humano) con lo sistemático (procesos, informática) y que contemplen las características en administración pública mencionadas en el párrafo anterior, tales como burocracia, unidades de mando, sistemas de control, etc., alineando todos estos componentes con la estrategia adoptada de una manera integrada, es decir, desarrollando una herramienta piloto de un departamento específico, que al final se pueda adaptar a toda la organización pública, desarrollar sus estrategia adoptada de la mano con alta tecnología como son los agentes inteligentes, resultando así una nueva metodología de gestión de estrategias en la administración pública.

La herramienta en management que se considera se adecua a la metodología propuesta, es el Balanced Scorecard (BSC) - Cuadros de Mando Integral (CMI) y los Strategic Mapas (Mapas Estratégicos), difundido por R.S. Kaplan y D. Norton desde comienzos de los 90 y que en EE.UU. ya se ha aplicado en más del 50% de las grandes multinacionales (Kaplan & Norton, 1992). Ahora bien, lo que se intenta con este trabajo es plantear y desarrollar la manera en que esta herramienta congenie y encaje con herramientas de inteligencia artificial, como los conjuntos difusos, para que pueda desenvolverse aún mejor en el ámbito de la Administración Pública, y, para potenciar el dinamismo y la comunicación de la propuesta se plantea implementar tecnología reciente como son los "agentes inteligentes" y los sistemas de recomendación.

R.S. Kaplan, a principios de la década del 80 con su colega, Cooper Robin, generaron una revolucionaria forma de gestionar los costos a nivel empresarial, crearon los costos ABC "Activity Based Costing" o lo que en su traducción sería "Costo Basado en Actividades", como su nombre lo indica, es un sistema de costos que se basaba únicamente en actividades y procesos y no ítems como se hacía normalmente, lo que le permitiría a la empresa detectar las actividades de mayor costo y las más críticas (Peters, 1998).

A principios de la década de los 90 el profesor Robert Kaplan y D. Norton en su proceso de especialización en la materia de costos, se dieron cuenta que hacía falta una herramienta que pudiese resumir toda la información respecto a la empresa, tanto en el aspecto financiero, costos, como en los demás aspectos de la organización, para así poder gestionar de una mejor forma la administración total de la empresa, resultando así el BSC, herramienta que proporciona a los directivos el equipo de instrumentos que necesitan para navegar hacia un éxito competitivo de futuro (BCG, 2002).

En el transcurso y desarrollo de esta herramienta nueva de gerencia, se fue creando la necesidad de tener otra, pero esta vez una que permitiera visualizar la información de primera mano para poderla consignar en el cuadro de mando integral, es por eso que a principios de esta nuevo milenio, Robert S. Kaplan y David Norton definieron los SM "Strategic Maps" o "Mapas estratégicos", como herramienta para comunicar eficientemente la estrategia de la empresa (Aguirre, et al., 1991).

Partiendo que el control de gestión comienza con la visión y estrategia de la empresa, y el cuadro de mando es un método de control del negocio, sin embargo, el carácter descriptivo del cuadro de mando lleva frecuentemente a nuevas ideas sobre la visión de la empresa y a una reconsideración de su estrategia (BCG, 2002), se afirma que es un sistema difícil de medir en términos exactos o matemáticos por su diseño de causa-efecto (Aguirre, et al., 1991). Por este motivo, se decide que un sistema de matrices difusas sí podrá medir estas subjetividades. La preparación del cuadro de mando confirmará las estrategias propuestas, aunque en el proceso de cuadro de mando dichas estrategias se expresarán en términos más tangibles de metas y factores clave para el éxito.

Los cuadros de mandos están recibiendo una atención especial con numerosos proyectos de desarrollo de modelos de BSC, Cuadros de mandos y cuadros de mandos integral, sobretodo afectando a las áreas comerciales, producción-logística y dirección general a parte de los tradicionales ratios financieros de la dirección financiera.

Para la creación de dichos cuadros de mando y mapas estratégicos, sobretodo en el momento que se incluyen las valoraciones de las incidencias de las causas sobre los efectos se requieren de modelos que permitan estas relaciones subjetivas.

Al igual que, cuando se requiere del conocimiento sobre cliente, ventas, geomarketing, y otros datos relacionados con la relación con el público, y su valor económico o social para la institución pública, se requiere de modelos para calcular nuevas informaciones como por ejemplo: valor para los usuarios, percepción de calidad de servicio, opinión subjetiva, y otras correlaciones entre datos de la base de datos que a priori parece que no tengan ninguna relación entre ellas pero que esconden valiosa información para los ojos de la alta dirección y consejos de administración, por eso se confirma una vez mas el uso de modelos difusos para el desarrollo de este proyecto.

Así pues el estado del arte, es un desarrollo incesante de los cuadros de mando, lo cual demanda de grandes inversiones en proyectos Datamining para crear los modelos que soportan dichos cuadros de mando. Así pues el estado del arte que se presenta es el del Datamining, de sus limitaciones para la generación de modelos útiles durante largo tiempo además de sus dificultades para ser mantenidos dado que requieren de personal científico que además entienda la administración pública o la empresa privada en profundidad, siguiendo con un análisis de subconjuntos borrosos que serán fundamentales en la formulación de modelos para la creación de mapas estratégicos y se termina con una breve explicación del impacto de la red de redes o como normalmente se le conoce Internet, ya que será un canal de difusión, a nivel interno-organizacional, del modelo propuesto.

El **Datamining** es un conjunto de técnicas estadísticas o de Inteligencia Artificial con el objetivo de descubrir conocimiento en las bases de datos, generalmente buscando patrones de relación causal. Actualmente los procesos típicos de Datamining están centrados en obtener modelos predictivos del comportamiento del usuario utilizando un conjunto de datos iniciales para obtener dicho modelo.

Después de que el sistema construye automáticamente el modelo predictivo puede realizar predicciones basados en nuevos conjuntos de datos que entran al sistema. Para cumplir su objetivo, Datamining utiliza varias técnicas estadísticas como por ejemplo la regresión logística (uno de los métodos más usados para obtener índices de propensión y que se basa en la comparación de dos poblaciones, una que ha sufrido el evento cuya probabilidad se quiere medir y otra que no), métodos de generación de árboles de decisión (como el método ID3), o más recientemente las técnicas de redes neuronales para que a partir de patrones de aprendizaje generan clasificadores no lineales con grandes capacidades de interpolación (buen comportamiento ante la falta de información precisa) pero con nulas capacidades de extrapolación.

Otra técnica de Datamining ampliamente utilizada es el Clustering cuyo objetivo es encontrar grupos de usuarios que presentan similitud, lo que llamamos "perfiles". Esta técnica es especialmente usada en análisis multidimensional y utiliza el concepto de distancias euclidianas para determinar la afinidad de un usuario al clúster. Como resultado del uso de estas técnicas de datamining los sistemas de soporte a la toma de decisiones cruzados (que utilizan información procedente de varias fuentes) no son especialmente precisos y tienden a generar ruido y/o datos incompletos en la información ofrecida al tomador de decisiones. Por ejemplo, un director de administración pública puede decidir establecer un servicio nuevo a los extranjeros porque su patrón de comportamiento indica que tiene una alta movilidad, pero no tiene la información correspondiente a su total entorno, por lo que la decisión del director puede ser errónea.

Existe otra línea de investigación que estudia el modelado de los usuarios. Un modelo de usuario es una representación interna en un sistema computacional de la persona que usa el sistema. Estos modelos permiten conocer mejor a quien usa los sistemas Recomendadores y Marketing Directo (RMD).

Los modelos contienen las características del usuario (esto es: intereses, preferencias, habilidades, conocimientos) (Kaplan & Norton, 1992). Para la adquisición y gestión de estos modelos existen dos aproximaciones básicas: una visión monolítica con el modelo de usuario integrado en la aplicación de adaptación al usuario; y una visión basada en un modelo de usuario autónomo que conlleva el desarrollo de servidores de modelos de usuario (ver, por ejemplo, (Kaplan & Norton, 1992) por un completo estado del arte en estos sistemas).

Adicionalmente, existen principalmente tres perspectivas que clasifican las técnicas para construir modelos de usuario: 1) La construcción manual versus la construcción automática generando respectivamente modelos de usuario estáticos y dinámicos; 2) la construcción basada en el conocimiento del usuario versus la construcción basada en el comportamiento del usuario, la primera basada en la representación cerrada del usuario y la segunda basada en la representación del usuario en sí mismo como un modelo utilizando técnicas de machine learning; y por último 3) la construcción explícita a partir de los datos suministrados por el usuario versus la construcción implícita del modelo de usuario extraído del comportamiento del usuario en su interacción con el sistema.

En el ámbito de las ciencias económicas, el concepto de decisión constituye uno de los términos más utilizados (Aguirre, et al., 1991). Tanto es así que, para muchos, la principal ocupación de un Administrador de Empresas es la toma de decisiones. Decidir es siempre una acción humana, que enfrentada a un suceso externo (información) debe identificar los futuros estados de ese suceso y establecer los posibles cursos de acción que respondan al cumplimiento de la meta establecida. Los términos acción humana y futuro nos indican que todo proceso de toma de decisiones presupone subjetividad e incertidumbre.

Todo decisor tiene como objetivo favorecer la evolución de magnitudes económicas-empresariales futuras incidiendo en las variables adecuadas en la intensidad necesaria (Aguirre, et al., 1991). Para que la evolución del sistema sea el deseado es preciso que la toma de decisiones se fundamente en modelos que representen la realidad y permitan analizarla, estudiarla y predecirla.

Sin embargo, los modelos que tradicionalmente ha utilizado la Economía y la Economía de Empresa se han basado en la certeza o en la aleatoriedad de los datos (Aguirre, et al., 1991). Los hechos y relaciones económicas inciertas y difícilmente mensurables han sido ignoradas o transformadas en ciertas o aleatorias por medio de supuestos arbitrarios. Esto ha llevado a formalizar una realidad modificada, adaptada a los modelos matemáticos, en lugar de construir modelos que expliquen y se adapten a los hechos reales, siendo el instrumento el que ha impuesto las condiciones.

En la búsqueda de soluciones a este problema apareció el concepto de subconjunto Difuso introducido por Lotfi A. Zadeh en 1965, dando lugar a la teoría de los subconjuntos borrosos basada en la lógica borrosa (Aguirre, et al., 1991). La Lógica Difusa no es nada nueva, aunque sus orígenes se remontan hasta 2,500 años a.C. (Zadeh, 1965). Ya Aristóteles consideraba que existían ciertos grados de veracidad y falsedad y Platón había trabajado con ciertos grados de pertenencia.

En el siglo XVIII George Berkeley y David Hume describieron que el núcleo de un concepto atrae conceptos similares. Hume creía en la lógica del sentido común, en el razonamiento basado en el conocimiento que la gente adquiere de una forma ordinaria gracias a sus vivencias en el mundo.

Emmanuel Kant pensaba que únicamente los matemáticos podían proveer definiciones claras y que por lo tanto, muchos principios contradictorios no tenían solución (Kaufmann, 1982). Por ejemplo la materia podía ser dividida infinitamente y al mismo tiempo no podía ser dividida infinitamente.

La corriente del pragmatismo fundada a principios de siglo por Charles Sanders Peirce, fue la primera en considerar "vaguedades" (Kaufmann, 1982), más que falso o verdadero, como forma de acercamiento al mundo y al razonamiento humano. El término Difuso aplicado a la lógica y a la teoría de conjuntos y sistemas procede de la expresión fuzzy sets (conjuntos borrosos) acuñada por Lofti A. Zadeh (Zadeh, 1965), brillante ingeniero eléctrico iraní nacionalizado en Estados Unidos, profesor en las más prestigiosas universidades norteamericanas, doctor honoris causa de varias instituciones académicas.

A partir de la publicación, en 1978, de la teoría básica de los controladores borrosos de Zadeh (Zadeh, 1978), otros investigadores comenzaron a aplicar la lógica borrosa a diversos procesos, como por ejemplo, al control de procesos en un sistema de control de vapor. También se puede resaltar la aplicación, en 1980, de esta técnica al control de hornos rotativos en una cementera.

Uno de los países donde más éxito ha tenido los sistemas borrosos ha sido en Japón. Empresas como Fuji Elec. & TIT han desarrollado aplicaciones de control fuzzy para el proceso de purificación del agua, Hitachi con una aplicación de control fuzzy para el Metro en Sendai City o Matsushita con una aplicación de control fuzzy para la unidad de suministro de agua caliente para uso doméstico.

Debido a la variedad de sus aplicaciones la lógica Borrosa parece estar introducida en todos los sectores (Gil, 2002); control de complejos procesos industriales, diseño de dispositivos artificiales de deducción automática, construcción de artefactos electrónicos de uso doméstico y de entretenimiento, sistemas de diagnóstico, y sistemas de decisiones entre otros. Este hecho se hace cada día más evidente si se observa el gran número de patentes industriales de mecanismos basados en la lógica difusa expedidas desde hace, por lo menos, una década y media.

La popularización de Internet ha abierto un reto en la adaptación de los contenidos hipermedia. Si la aproximación tradicional, estática, de hipermedia consistía en dar los mismos contenidos a todos los usuarios, los sistemas de hipermedia adaptativos se presentan como un enfoque alternativo en el cual los objetivos de cada usuario, preferencias y conocimientos se utilizan en la interacción. Estos contenidos hipermedia abarcan, en este sentido, cualquier tipo de aplicación: desde sistemas de información, hasta sistemas de recomendación y de comercio electrónico. En coincidencia con la tecnología agente habría que remarcar los modelos de usuarios dirigidos al comercio electrónico así como el área de agentes de interfaz y en los sistemas educativos.

3 Metodología

3.1 Tipo de Investigación.

La investigación es de tipo Factible, ya que estará orientada al estudio, elaboración y desarrollo de una aplicación que automatice y optimice la gestión y mejora de procesos como una estrategia que permita mejorar los procesos de la administración pública, a partir del diagnóstico de la

Gestión pública moderna del gobierno municipal de la Ciudad de Altamira, de acuerdo con la metodología ICES del BID

En referencia a ello, Blanco (2011), expresa que un proyecto factible estará orientado a proponer la solución de un problema práctico, requerimientos o necesidades de una organización. Este tipo de investigación se refiere a la formulación de métodos, modelos, planes, políticas, programas, procesos, sistemas o tecnologías. Hurtado (2007) expone que la investigación proyectiva, llamada también proyecto factible, tiene como objetivo proponer, exponer, presentar, planear, formular, diseñar, proyectar, este tipo de investigación el cual consiste en la elaboración de una propuesta o de un modelo, ya sean inventos, programas o necesidades en lo social.

3.2 Nivel de Investigación

De acuerdo a Arias (2005), el nivel de la investigación se refiere al grado de profundidad con que se aborda un fenómeno u objeto de estudio. La presente investigación es de nivel comprensivo que según Hurtado (2007), estudia el evento en su relación con otros eventos, enfatizando por lo general las relaciones de causalidad.

Según el enfoque, la investigación es comprensiva, debido a que busca conocer la estructura fundamental de todos los métodos y transacciones referentes al control y gestión de los procesos relacionados del gobierno municipal de la Ciudad de Altamira, de acuerdo con la metodología ICES del BID, a partir del diagnóstico de la Gestión pública moderna, de tal forma que se comprenda la situación actual de la misma, de manera que se puedan especificar sus características y propiedades para su posterior automatización y optimización.

3.3 Diseño de la Investigación

El diseño de investigación es la estrategia general que adopta el investigador para responder al problema planteado. En atención al diseño, la investigación se clasifica en: documental, de campo y experimental (Arias, 2005).

Considerando lo anterior, la presente investigación se basa en un diseño de campo debido a que la recolección de los datos de interés se hizo de manera directa, es decir, de la realidad donde ocurren los hechos para luego analizar y definir sus características y finalmente proponer realizar el análisis que permita determinar la viabilidad de la importancia de elaborar una herramienta tecnológica que facilite la ejecución de estrategias de forma que las acciones, actividades y tareas que se realizan en una entidad u organización pública sean coherentes con las estrategias concebidas y diseñadas, y de esa manera tratar de mejorar las estrategias de comunicación y modernizar los sistemas de gestión en la administración pública.

3.4 Población y Muestra.

Arias (2005), define a la población como el conjunto de elementos con características comunes para los cuales serán extensivas las conclusiones de toda investigación.

En este sentido, la población que se tomó como objeto de estudio comprende al gobierno municipal de la Ciudad de Altamira ya que en este ayuntamiento será posible el uso del proyecto a desarrollar. Como se conoce la cantidad de la población se dice que es finita. En este caso constituida por el el Ayuntamiento de Altamira, Tamaulipas; y más específicamente en el área de sistemas y tecnologías de la información de dicho municipio.

Como la población se refiere a una sola persona encargada del área de tecnologías de la información del Ayuntamiento de Altamira, Tamaulipas, se lleva a cabo la entrevista a dicha persona, por lo que no es necesario calcular una muestra.

3.5 Técnicas e Instrumentos de Recolección de Datos

Hurtado (2007), menciona que la selección de técnicas e instrumentos de recolección de datos implica determinar por cuáles medios o procedimientos el investigador obtendrá la información necesaria para alcanzar los objetivos de la investigación.

Durante el análisis de la estrategia propuesta, se utilizaron las siguientes técnicas de recolección de datos:

Observación: según Arias (2005), la observación es una técnica que consiste en visualizar o captar mediante la vista, en forma sistemática, cualquier hecho, fenómeno o situación que se produzca en la naturaleza o en la sociedad, en función de unos objetivos de investigación preestablecidos. En a presente investigación, la técnica fue de tipo simple o no participativa, que es la que se realiza cuando el investigador observa de manera neutral sin involucrarse en el medio o realidad donde se realiza el estudio (Arias, 2005).

Sin duda alguna, la observación directa en el lugar de los hechos fue de gran ayuda para determinar la problemática existente, evaluar las áreas que podían someterse a posibles cambios y establecer los requerimientos mínimos necesarios para analizar la viabilidad de la estrategia propuesta.

Entrevista no estructurada: este tipo de entrevista es definida por Arias (2005), como la modalidad donde no se dispone de una guía de preguntas elaboradas previamente. Sin embargo, se orienta por unos objetivos preestablecidos, lo que permite definir el tema de la entrevista. Ésta se aplicó a la población en la cual se basó la investigación, con el fin principalmente de obtener los requerimientos básicos para el diseño de la estrategia, utilizando como herramienta principal las historias de usuario. En este caso, se realizó de acuerdo a la Guía Metodológica ICES del BID (2015), considerando el subtema 5.2 y los indicadores # 99 y 100; como se puede observar en la tabla 1.

3.6 Técnicas de Análisis de Datos

Para el entendimiento e interpretación de los resultados en estudio se realizó un análisis de contenido el cual, puede ser utilizado en investigaciones descriptivas para hacer un diagnóstico y agrupar contenidos significativos de una serie de entrevistas, conversaciones u observaciones (Hurtado, 2007).

La información recopilada está constituida principalmente por el flujo de las actividades dentro del área del trabajo y los requerimientos del usuario para análisis de viabilidad de la estrategia, provenientes de la observación directa de las actividades que se realizan (para el caso de los flujos de los procesos o actividades), y de las entrevistas no estructuradas, expresadas en términos de historias de usuarios (que permitieron identificar la base de los requerimientos del usuario).

De acuerdo al análisis de los datos, y considerando la Guía Metodológica ICES del BID (2015), tomando en cuenta los indicadores correspondientes, se obtiene que no existen sistemas electrónicos en funcionamiento para medir el cumplimiento de los objetivos y las metas de la municipalidad; los avances y resultados de la gestión municipal, se llevan a cabo de manera manual; además, la municipalidad no dispone de un sistema electrónico para realizar las adquisiciones y contrataciones.

4. Análisis para el desarrollo de una metodología Tecnológica de comunicación estratégica

Motivación para realizar la investigación

En el aspecto económico, como se apuntó en el estado del arte, la estrategia de una organización no genera los resultados esperados, en gran parte, debido a la resistencia de su personal al "cambio", por eso, cada vez que una persona ejecute una acción para llevar a cabo la estrategia, concebida en el seno de la dirección pública, se espera que la realice correctamente y en el tiempo justo para aplicarla.

Cuando las personas no están conscientes de lo importante que es el realizar las acciones previstas correctamente y en el tiempo previsto para ellas, se entorpece la gestión de la estrategia, y por ende un mal resultado. Es por esto que la siguiente premisa del Boston Consulting Group del 2002 es la que soportará el proyecto en general:

> *"La mayor parte de las personas no están en posición de constatar la necesidad de construir cambios en la política y en la organización hasta mucho tiempo después de que haya pasado el momento óptimo para la acción."* (BCG, 2002).

En cuanto al aspecto tecnológico, la motivación para el desarrollo de la investigación se basa en avances en temas de mapas estratégicos con información Fuzzy o información difusa, permitiendo relacionar elementos configuradores de procesos estratégicos, es decir todo proceso se basa en elementos primarios, como las causas, y, elementos secundarios como los efectos. Estos elementos a su vez componen un mapa estratégico denominado por Kaplan (2004). Además en la especialización en tecnología de punta como lo son los agentes inteligentes, tecnología que permite de manera rápida y confiable gestionar sistemas de información, control, etc.

Por lo anterior y teniendo en cuenta que ahora más que nunca las necesidades de la administración pública va en aumento, se ha visualizado el "espacio" que se considera que con el conocimiento y avance tecnológico se puede "llenar" y obtener grandes resultados que beneficien a la administración pública, de acuerdo con la metodología ICES del BID, en los siguientes rubros:

Dimensión III: Sostenibilidad fiscal y gobernabilidad

Pilar: Mecanismos adecuados de gobierno

Tema: S. Gestión pública moderna

Subtema: S.2 Sistemas modernos de gestión pública del gobierno municipal

El proyecto, además de la capacidad de automatizar el proceso, proporcionará una mayor repercusión en la mejora estratégica a través de la definición y puesta en práctica de los agentes inteligentes capaces de aprender y recomendar las mejores acciones al funcionario.

De acuerdo a lo anterior, es momento que las administraciones públicas se vuelvan ricas en servicio a la ciudadanía, en controles de gestión en todos aquellos aspectos que las organizaciones privadas lideran, considerando además la actualización de los sistemas modernos de gestión pública del gobierno municipal.

Áreas de aplicación

El dominio de la presente investigación se haya en el sector del management, en el aspecto del lineamiento de estrategias, en este caso en las empresas del sector público, igualmente se pueden aplicar a los dominios tales como: los cambios en las organizaciones públicas para adaptarse a las necesidades del entorno social, económico y político; así como también en adaptaciones organizativas como: la externalización y la reinternalización; la agencialización, la gerencialización; modificaciones de la política de recursos humanos a las administraciones públicas: gestión y formación; la gestión por competencias; la evaluación de los recursos humanos; el rol del directivo público; la mobilidad entre administraciones; la introducción de las tecnologías de la información y las comunicaciones en las organizaciones públicas.

También en adaptaciones al gobierno, la administración y la ciudadanía. Interacción entre cargos políticos y gestores públicos en el proceso de definición del problema, de decisión, de implementación y de evaluación de las políticas públicas; actividades clave de los gestores públicos. Posicionamiento de las organizaciones públicas en relación con los ciudadanos y usuarios de los servicios: cartas de servicios, mecanismos de reclamación, etc.; servicios electrónicos dirigidos a los ciudadanos y empresarios: eficacia, eficiencia y transformaciones de las organizaciones públicas en el diseño de estos servicios.

El Problema

En el análisis se ha detectado que, en una organización pública mientras se realicen las acciones concebidas para la ejecución de la estrategia en la empresa pública, por parte del personal tanto a un nivel superior como a un nivel inferior, se seguirá trabajando sin la suficiente alineación a la estrategia pública adoptada.

Igualmente, mientras que entre una computadora y usuario siga existiendo una incompatibilidad como para hacer que la computadora ayude a realizar correctamente una estrategia, se seguirá sin la suficiente alineación a la estrategia pública adoptada.

En la actualidad, hay un gran inconformismo con el rendimiento de una estrategia en la empresa pública (Peters, 1998), desde su origen hasta su fin, ya que, las máquinas, por ahora no tienen la "inteligencia" suficiente de entender y de implementar una estrategia ni mucho menos de servir como soporte al usuario o empleado de la organización.

Así que se ha visualizado un "problema", el cual se espera resolver con esta investigación, obteniendo una nueva metodología que integre los aspectos humanos que se necesita para todo proceso y los aspectos técnicos y tecnológicos que estos procesos demandan.

Justificación

- Las instituciones públicas están creando planes estratégicos proyectándose con firmeza con objetivos de medio y corto plazo.
- Dicho contexto ahora más que nunca obliga a las direcciones públicas a crear planes estratégicos, que se enmarquen en los planes estratégicos generales.
- Sin embargo, no hay cultura de cambio (BCG, 2002); en consecuencia dichas estrategias no se aplican como se concibieron, y en muchos casos, no se aceptan ocasionando demoras innecesarias por consiguiente no se obtienen los resultados que se esperaban.
- La urgencia es que hay que ejecutar dichos planes, y ejecutarlos bien, porque la financiación de las administraciones públicas depende de dichos planes estratégicos y de los resultados que se obtengan de ellos y sobre todo que estos resultados se den en el tiempo que se ha determinado para los resultados.
- En esta investigación se propone una solución posible, para hacer que los funcionarios de las instituciones públicas, en este caso concreto las administraciones públicas, se den cuenta que hay momentos óptimos y/o críticos para realizar las acciones (Kaplan & Norton, 2004) que conlleven al éxito de la estrategia planteada y que si no se hace en ese preciso momento, los costes de esas estrategias pueden llegar a elevarse considerablemente.
- Que la investigación apoye al cambio en el proceso del Ayuntamiento de Altamira, de tal forma que, en complemento a la estrategia se desarrollen los sistemas modernos de la

municipalidad entre los que se encuentran: el sistema electrónico que mide los avances y resultados de la gestión municipal; y el sistema de adquisiciones electrónico en línea abierto al público que, como mínimo, difunde los llamados a concurso y los resultados de las licitaciones públicas; y de esa manera, cumplimentar los requerimientos de la metodología ICES del BID.

Propuestas

En cuanto al objetivo general, se propone realizar un estudio de viabilidad que determine la importancia de elaborar una herramienta tecnológica que facilite la ejecución de estrategias de forma que las acciones, actividades y tareas que se realizan en una entidad u organización pública sean coherentes con las estrategias concebidas y diseñadas.

Esta propuesta se enmarca en demostrar la viabilidad y constatación de las necesidades de estimular el cambio dentro de la ejecución correcta de una estrategia: hacer que el estudio de viabilidad abra el camino a que las computadoras personales ayuden a comprender la estrategia y asesoren qué acciones los funcionarios deben priorizar para maximizar los resultados previstos en el marco de dicha estrategia.

Con relación al objetivo científico-tecnológico, se pretende verificar la necesidad de crear un sistema multi-agente para facilitar la implantación de los planes estratégicos del Ayuntamiento de Altamira, Tamaulipas. Se va a realizar implementando cuadros de mando que sinteticen la información recolectada y se visualizará en mapas estratégicos que ayudados con técnicas de la inteligencia artificial permitirán que por fin se conviertan en realidad los resultados previstos de una correcta ejecución de dichos planes.

Concretamente se desarrollará un estudio metodológico que certifique la necesidad de implementar cuadros de mando y mapas estratégicos, basados en sistemas difusos, consistentes en la representación de sensibilidad y valor de todo tipo de segmentos dentro de la misma institución pública. Los cuadros de mando son herramientas útiles para el análisis y decisión de la alta dirección tanto de las instituciones públicas como de las empresas privadas.

Impacto Social

El impacto de la investigación en la sociedad de la información es la disponibilidad de cuadros de mandos y mapas estratégicos para la función pública para toda administración, organismo y empresa de forma que los altos funcionarios y políticos puedan tomar decisiones más fácilmente y con mayor rapidez, y a su vez, pueden integrar el personal de la institución pública con la consecución de la estrategia apoyados diariamente de dichos mapas estratégicos y cuadros de mando, que permitirán, a los empleados públicos, priorizar las actuaciones con una mejor percepción.

Líneas de I+D a emprender

Cuadros de Mando con Sistemas Difusos

Los cuadros de mando en general se crean a partir de modelos usados para recomendación y generados a partir de técnicas de Datamining, los cuales son muy particulares, poco generales en consecuencia, de difícil y costoso mantenimiento para garantizar sus resultados. En esta investigación, se pretende desarrollar cuadros de mandos y mapas estratégicos basándose en modelos de lógica difusa que no existen en el estado del arte ni el mercado y que además van a ser generales de fácil mantenimiento y muy aptos para ser explotados en gran escala en la función pública.

Mapas Estratégicos basados en Sistemas Difusos.

A diferencia de los cuadros de mando, los mapas estratégicos se consideran totalmente nuevos, ya que han sido introducidos al mundo empresarial desde el 2004, por tal motivo este revolucionario método basado en sistemas borrosos será un tema que retroalimentará el estado del arte de los mapas estratégicos y en general el del ámbito de la toma de decisiones.

Agentes Inteligentes en tareas de Recomendación.

Esta tecnología se dispone para dar información sintética que controle, refine y recomiende en tiempo real a un alto número de usuarios (hasta miles), basados en los mapas estratégicos y cuadros de mandos, permitiendo facilitar y mejorar las ejecuciones de las estrategias adoptadas en la entidad pública, además de dar las mejores prestaciones en términos de acierto en las recomendaciones para el trato a los ciudadanos.

Novedad Tecnológica

La principal novedad funcional es validar la necesidad de tener un mapa estratégico que se base en sistemas Fuzzy- Logic de incidencias de causa-efecto para la administración pública que visualice las estrategias permitiendo priorizar actividades y su respectiva clasificación, de esa forma las computadoras podrán comprender las estrategias de la tecnología agente las cuales servirán para poder recomendar las mejores acciones para los funcionarios.

La principal novedad tecnológica será el de constatar la necesidad de disponer de una metodología tecnologíca que forme modelos genéricos auto mantenidos con capacidad de representar la estrategia en cada punto de la organización pública o de cualquier segmento de estas entidades, para facilitar la comunicación y el control de las estrategias. Otras novedades tecnológicas es la alta escalabilidad que se va a demostrar con estos cuadros de mando y mapas estratégicos basados en sistemas Fuzzy-Logic.

Luego, en el estudio de viabilidad se validará la necesidad de implementar agentes inteligentes, en concreto agentes recomendadores, a esta investigación para que la responsabilidad de aplicar correctamente la estrategia de la institución pública sea compartida por personas y máquinas, estas últimas como una herramienta facilitadora de la tarea a realizar.

Se espera en un futuro, que las máquinas comprendan la estrategia de la institución pública y refinen, corrijan o recomienden a las personas usuarias las acciones coherentes con la estrategia, basados no solo en sistemas difusos sino en diversas clases de sistemas (Porter, 1993). La estructura de este sistema se puede observar en la figura 1.

Figura 1: Diagrama del Sistema Fuzzy-Strategic Maps que se quiere aplicar.

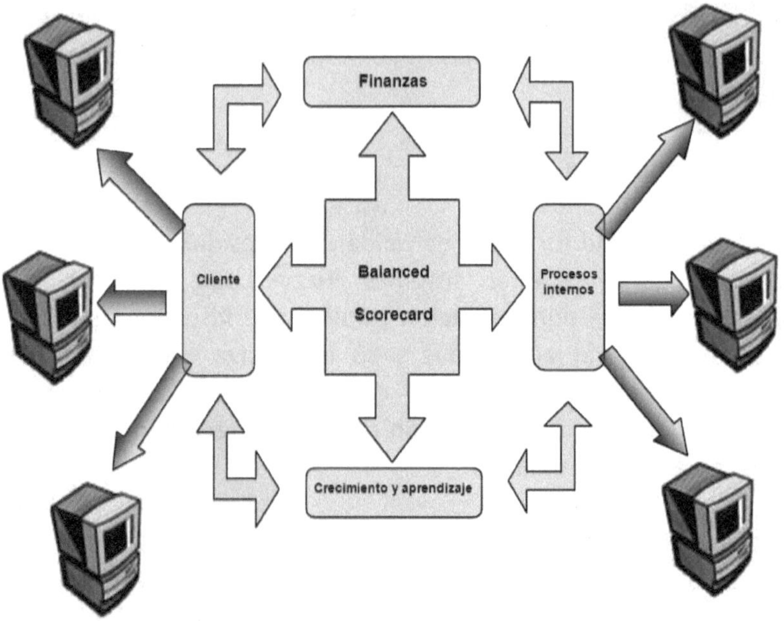

Fuente: Elaboración propia

Por último se propondrá la creación de una plataforma informática que facilite la implantación de los planes estratégicos de cualquier Institución Pública. Se va a realizar implementando cuadros de mando que sinteticen la información recolectada y se visualizará en mapas estratégicos que ayudados con técnicas de la inteligencia artificial permitirán que por fin se conviertan en realidad los resultados previstos de una correcta ejecución de dichos planes. Dicha plataforma permitirá ejecutar las estrategias institucionales de forma más eficiente y eficaz desarrollando mapas estratégicos y cuadros de mandos para que cualquier computadora de una institución pública que tenga instalada la plataforma lea, interprete y recomiende las acciones a seguir para conseguir los objetivos de la planeación estratégica concebida, cuya plataforma se puede observar en la figura 2.

Este concepto, es un paso más adelante, ya que integrando este sistema de recomendación con el sitio mismo mediante la inclusión de más recomendadores el sistema gestionará de la mejor manera posible las estrategias concebidas por la organización; donde estos agentes monitorean los hábitos del usuario de tal manera que pueda aumentarse la relevancia de las recomendaciones que hace el sitio al empleado.

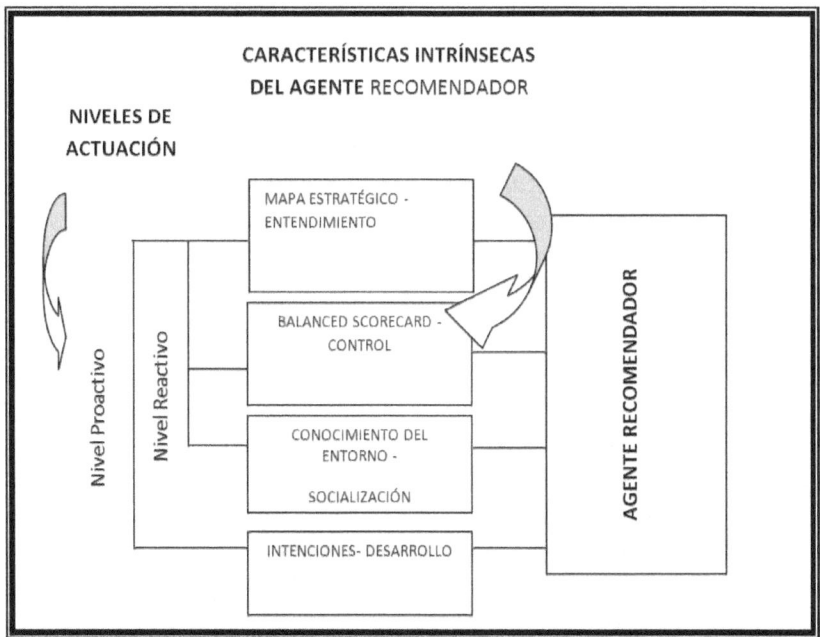

Figura 2: Perfil del Agente Recomendador   Fuente: Elaboración propia

La plataforma contará, por lo menos, con las siguientes características particulares:

Precisión: El sistema FSM ha de ser capaz de funcionar de forma precisa y completa en todo momento, a pesar de los cambios de comportamiento en la planeación estratégica de las empresas e instituciones públicas y sus interacciones con el entorno organizacional.

Entendimiento-Claridad: Utilizando técnicas de Inteligencia Artificial se desarrollarán entornos de simulación Dry-Test que permitan realizar el estudio de incidencias de estrategias dentro de las organizaciones públicas previo a su implementación.

Estas técnicas de inteligencia artificial estarán basadas en la teoría de sistemas de subconjuntos difusos adaptados al entorno de la empresa. Se completará la capacidad de FSM captando las rutas críticas de las estrategias desde otros dominios, se utilizarán tecnología de agentes físicos para introducir esta información en tiempo real en las computadoras de las instituciones generando conocimiento con nuevas características inesperadas.

Rapidez: El sistema FSM ha de ser capaz de funcionar de forma ágil y completa en todo momento, a pesar de los cambios de comportamiento en la planeación estratégica de las empresas e instituciones públicas y sus interacciones con el entorno organizacional.

Escalabilidad: Es imprescindible que el sistema FSM a desarrollar se comporte satisfactoriamente en condiciones reales del entorno empresarial. Para ello es necesario, en primer lugar, estudiar la complejidad computacional de los algoritmos existentes y modificarlos de manera que se garantice un tiempo de respuesta lineal con respecto al número de acciones a efectuar, en escenarios con decenas o centenares de millones de agentes interactivos. Por otra parte, se habrá de examinar diferentes posibilidades de arquitectura hardware y software con el fin de encontrar la que mejor garantice los requisitos de escalabilidad del proyecto y por último será necesario definir medidas de rendimiento y diseñar un plan de pruebas (benchmarks) y simulaciones que permita comparar diferentes aproximaciones y controlar en todo momento del desarrollo del proyecto la eficiencia del sistema.

Metodología

La metodología que se propone llevar a cabo es, en principio, iniciar con un estudio exploratorio que corresponde a entender desde sus comienzos o inicios la filosofía-metodología del Balanced Scorecard y Mapas Estratégicos. Después, se trabajará con el tipo de estudio analítico, en el tema de subconjuntos borrosos, que se basan en las causas y los efectos, permitiendo determinar las relaciones no evaluadas, facilitando clasificar las acciones a seguir para que una causa o varias, alcancen el efecto deseado, que en otras palabras, es alcanzar el objetivo determinado. Y por último se desarrollará la plataforma tecnológica que sea capaz de generar un mapa estratégico y hacer que la computadora sea capaz de leer la base de datos que encuentre en la administración pública dispuesta a realizar la prueba piloto, así, el agente recomendador podrá leer e interpretar si el funcionario realiza las tareas asignadas y acciones correctas para conseguir el objetivo o efecto final deseado, a continuación el sistema podrá desempeñarse de forma reactiva refinando y recomendando acciones a seguir para conseguir de igual forma el objetivo final o estrategia a tomar, o por el contrario se podrá desempeñar de forma proactiva, recomendando al funcionario actividades paralelas que puedan conseguir de cierta forma ese objetivo buscado. A estas etapas sigue la implantación y la posible realimentación para mejorar el proceso, como se aprecia en la figura 3.

A estas etapas sigue la implantación y la posible realimentación para mejorar el proceso.

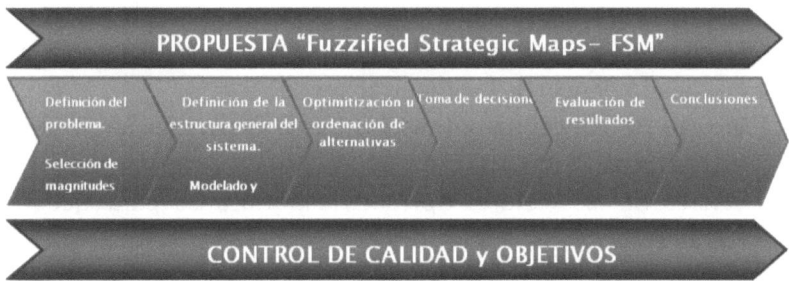

Figura 3: Propuesta Fuzzified Strategic Maps – FSM Fuente: Elaboración propia

Conclusiones.

La presente investigación expone un análisis para el desarrollo de una metodología tecnológica de comunicación estratégica que será implementada en los procesos de cambio en la administración pública utilizando mapas estratégicos fuzzyficados y agentes inteligentes, específicamente para el Ayuntamiento de Altamira, Tamaulipas.

Las contribuciones principales como resultado de la investigación al finalizar la misma serán:

Cuadros de Mando Basados en Información Difusa

- Medidores de sensibilidad percibida hacia la estrategia por el empleado dentro de la organización pública
- Medidores de sensibilidad de segmentos dentro de la organización.
- Visores de conceptos y tracking de su evolución hacia objetivos estratégicos
- Cuadros de conceptos estratégicos
- Modelos de valor asociados a medidores de control de la evolución de la estrategia.
- Gestión de la administración pública a través de las estrategias programadas.

Mapas estratégicos generados de los cuadros de mando mediante la metodología de subconjuntos difusos.

- Medidores de sensibilidad percibida hacia la estrategia por el empleado dentro de la organización pública
- Visores de conceptos y tracking de su evolución hacia objetivos estratégicos.
- Visores de las mejores opciones estratificadas para ejecutar las estrategias.

Agentes inteligentes en tareas de recomendación.

- Generar mensajes de recomendación, refinamiento o corrección de estrategias para el empleado o usuario de la computadora. Plataforma apta para procesar interacciones de subconjuntos borrosos y generar cuadros de mandos y mapas estratégicos.
- Con ello se permitirá generar los mapas estratégicos y cuadros de mando basados en sistemas difusos, que visualizarán la estrategia en todos los sectores de la empresa pública, así como la alimentación automática de los datos útiles para la toma de decisiones en la administración pública y la alta dirección de las empresas.
- La tecnificación del management y de la comunicación de estrategias dentro de la organización permitirá facilitar la adecuación y ejecución de estrategias en la organización pública,

lo que permitirá que sea una entidad pro activa en función de la estrategia.

Con todo lo anterior, la investigación apoyará al cambio en el proceso del Ayuntamiento de Altamira, de tal forma que, en complemento a la estrategia se desarrollen los sistemas modernos de la municipalidad entre los que se encuentran: el sistema electrónico que mide los avances y resultados de la gestión municipal; y el sistema de adquisiciones electrónico en línea abierto al público que, como mínimo, difunde los llamados a concurso y los resultados de las licitaciones públicas; indicadores que marca la Metodología ICES del BID.

Referencias

Aguirre, Alfredo; Castillo, Ana María; Tous, Dolores (1991); Administración de Empresas, Págs. 28 – 30, 1991.

Arias, Fidias G. (2005). El proyecto de investigación: Introducción a la metodología científica (5a. Ed.). Caracas: Episteme.

BCG (2002); The Boston Consulting Group, Ideas sobre estrategia, Ediciones Deusto S.A. 2002.

BID. (2015) se puede consultar en http://www.iadb.org/es/temas/ciudades-emergentes-y-sostenibles/implementacion-del-enfoque-de-la-iniciativa-ciudades-emergentes-y-sostenibles,7641.html.

Blanco, Carlos. (2011). "Epistemología del Proyecto Factible" "Entorno-Empresarial. Com". Publicado en Mayo del 2008 - ttp://www.entorno-empresarial.com/?ed=64&pag=articulos&aid=1926.

Gil Aluja, Jaime, (2002); "Introducción de la teoría de la incertidumbre en la gestión de empresas". Ed. Milladoiro-Academia de Doctors. Vigo-Barcelona (España), 2002.

Hurtado, J. (2007). El proyecto de investigación. Metodología de la Investigación Holística. (3a. Ed.). Bogotá: Cooperativa Editorial Magisterio.

Kaplan, Robert and Norton David (1992); The Balance Scorecard – measures that drive performance, Harvard Business Review, edición enero - febrero de 1992.

Kaplan, Robert S., and David P. Norton (2004); Strategy Maps: Converting Intangible Assets into Tangible Outcomes. Boston: Harvard Business School Publishing, 2004.

Kaufmann, A. (1982); Introducción a la teoría de los subconjuntos borrosos, Cía. Editorial Continental, 1982

Peters Tom (1998); El círculo de la Innovación, Ediciones Deusto S.A., Págs. 76- 77, 1998.

Porter, Michael E. (1993); Ventaja Competitiva, Prentice Hall, novena impresión 1993.

Zadeh, Lotfi A. (1965); Fuzzy sets, Inf. Control 8, 338-353, 1965.

Zadeh, Lotfi A. (1978); Fuzzy sets as a basis for a theory of possibility, Fuzzy Sets and Systems 1, 3-28, 1978.

5

Evaluación del Indicador de Servicios Públicos de acuerdo con la Metodología de Iniciativa de Ciudades Emergentes y Sustentable (ICES) del Interamericano de Desarrollo (BID) en el Municipio de Altamira, Tamaulipas.

Dra. Nora Hilda González Durán

Mtra. Norma Angélica Vázquez Pimienta.

Evaluación del Indicador de Servicios Públicos de acuerdo con la Metodología de Iniciativa de Ciudades Emergentes y Sustentable (ICES) del Interamericano de Desarrollo (BID) en el Municipio de Altamira, Tamaulipas.

Resumen

Hoy en la actualidad la zona metropolitana del sur de Tamaulipas ha mostrado un crecimiento en su población así como en la derrama económica, principalmente en la ciudad de Altamira, ciudad en la que analizaremos los indicadores de acuerdo a la metodología de Iniciativa de ciudades emergentes y sostenibles (ICES) y al banco interamericano de desarrollo (BID), para conocer en cuál de los indicadores manejados por la metodología se encuentra se encuentran en condiciones de riesgo en la ciudad de Altamira y conocer las posibilidades de crecimiento y desarrollo como ciudad urbana. La Iniciativa respalda a las ciudades participantes en el desarrollo de planes de acción que abordan tres dimensiones de la sostenibilidad: la sostenibilidad ambiental, el desarrollo urbano sostenible, y la sostenibilidad fiscal y la buena gobernabilidad. La dimensión ambiental incluye temas tales como la calidad del aire y el agua, la mitigación de las emisiones de los gases de efecto invernadero (GEI), la adaptación al cambio climático, la reducción de la vulnerabilidad a los desastres naturales y la cobertura de los servicios públicos.

Palabras Claves: Desarrollo, Economía y Servicio.

Introducción

La ciudad de Altamira fundada en mayo de 1749, es el centro de este proyecto de investigación.

Altamira se localiza en la parte sur del Estado de Tamaulipas. Su extensión territorial es de 17 veces aproximadamente la extensión territorial de sus ciudades vecinas y hermanas Tampico y Ciudad Madero, tiene una superficie de 1,361.73 km2.

Altamira junto con los municipios de Tampico y Madero, forma la zona conurbada del Sur de Tamaulipas y los tres municipios en conjunto representan 1,517.3 km2, y tal como se mencionó en el párrafo anterior Altamira representa el 91% del total de esa superficie territorial.

Tiene como principales zonas productivas de la zona Industrial lo que es la Industria petroquímica, la producción de energía eléctrica, metalmecánica y la industria textil. Tiene una población de 212,001 habitantes hasta el último censo del INEGI en el año 2010. Tiene conexión con los puertos más importantes de los cinco continentes, lo que lo hace de mayor importancia en la zona al puerto de Altamira. El complejo industrial portuario de Altamira comprende de más de 9,500 hectáreas. También tiene una aportación del 30% del total de la producción nacional de petroquímicos en el sector privado y el 100% de hule sintético que se produce en México proviene de Altamira.

Desde el año 2000 se han recibido más de 28 mil millones de pesos en inversión privada y cuenta con alrededor de 40 empresas nacionales y extranjeras instaladas y más de 2,000 empleos directos e indirectos (INEGI.2010)

Por lo tanto en base a esta información y reconociendo que la ciudad está en una etapa emergente experimentando una alta tasa de crecimiento económico y una rápida industrialización, se desea evaluar los servicios públicos y privados que ofrece el Municipio de Altamira a los empresarios de la zona centro de acuerdo a la metodología ICES del BID, con el fin de conocer las problemáticas que tiene la Ciudad utilizando este método pueda identificarlas y evaluar el porqué no le permiten avanzar.

Definición del Problema

Primero conoceremos que es una ciudad emergente de acuerdo a la metodología ICES de BID, entendiendo como ciudad emergente a las ciudades que tuvieron un crecimiento poblacional y económico positivo por encima del promedio nacional durante el último periodo entre censos y las cuales tenían una población entre 100 mil y 2 millones de habitantes. Por esto, serán las llamadas ciudades emergentes los destinos más llamativos en los próximos años, dado que atraerán personas interesados en los nuevos puestos de trabajo, se construirán viviendas a buen precio, entre otros.

El gran reto de estas urbes radica en planificar su crecimiento con responsabilidad para lograr su sostenibilidad urbana y ambiental, para evitar así cometer los errores de las megas ciudades, según Construdata (2011).

Una ciudad sustentable se define como aquella ciudad donde existe una adecuada movilidad, ahorro de energía y de recursos hídricos, disminución de la contaminación auditiva y creación de espacios públicos agradables donde haya áreas verdes con una gran funcionalidad (especialmente para la recreación).

El objetivo es brindar a los habitantes de la ciudad una mejor calidad de vida, beneficiando con ello también a los turistas y a quienes vienen al centro urbano todos los días por razones laborales, Negocios Verdes (2012).

Dado que Altamira cumple con todas las características de una ciudad emergente y una ciudad sustentable, y en consideración que la ciudad de Altamira es muy importante por su extensión geográfica, por su área industrial, por su costa, su ganadería, agricultura, comercio; resulta de gran interés desarrollar un proyecto de investigación que permita analizar la metodología ICES del BID como una propuesta de mejora.

Objetivo de la Investigación

Evaluar los servicios públicos y privados de la ciudad de Altamira de acuerdo a la metodología ICES de BID ofrece a las empresas de la zona centro.

Objetivos específicos.

1. Realizar una investigación de mercado para conocer la situación actual.
2. Analizar la información de acuerdo a la metodología Ices de BID
3. Evaluar la calidad de los servicios que ofrece el municipio.

Justificación.

El hablar de ciudades emergentes es considerar que son ciudades poco urbanizadas las cuales tienen como objetivo de acuerdo a los indicadores establecidos por la metodología de ICES la integralidad, objetividad y la posibilidad de comparación. En consideración a lo anterior, lo que se pretende en esta investigación es conocer la opinión pública sobre la cuidad en áreas como educación, salud y competitividad. En cada una de las áreas a desarrollar el indicador se desea conocer la proximidad a ser una ciudad desarrollada considerando que cuente con los servicios públicos y que den respuesta a la ciudadanía a las necesidades básicas y secundarias de la población.

Como podemos darnos cuenta en las dos primeras fases partimos de aspectos básicos para la ciudadanía, en la Ciudad de Altamira de acuerdo a su población territorial cuenta con zona rurales, en donde difícilmente cuentan con los servicios públicos, empresas comerciales, educación y servicios privados.

Delimitación o Alcance

Esta investigación se realizará en la zona centro de la Ciudad de Altamira localizada al sureste del estado de Tamaulipas, formando parte de la Zona Metropolitana de Tampico.

El municipio tiene una población de 212.001 habitantes en el Censo 2010 pero la ciudad solo cuenta con 59.536, la gran parte de la población del municipio de Altamira vive en Miramar que cuenta con 118.614 habitantes, ya que es la localidad que limita con los municipios de Tampico y Ciudad Madero (INEGI 2010).

Revisión Literaria o Enfoque Teórico.

La Evaluación Económica (Baca,2008) es un concepto que se propone describir los métodos actuales de evaluación que toman en cuenta el valor de dinero a través del tiempo, como son la tasa interna de rendimiento y el valor presente neto; se anotan sus limitaciones de aplicación y son comparados con métodos contables. El hablar de una evaluación económica de acuerdo a la experiencia situada en el área de investigación se analiza atreves de la observación que las empresas privadas no realizaron una evaluación para determinar la factibilidad del negocio.

El estudio de la evaluación económica es la parte final de toda la secuencia de análisis de la factibilidad de un proyecto. Si no han existido contratiempos, se sabrá hasta este punto que existe un mercado potencial atractivo se habrán determinado un lugar óptimo para la localización del proyecto y el tamaño más adecuado para este último, de acuerdo con las restricciones del medio (Baca,20008).

Enfocando este concepto en la Cd. de Altamira de acuerdo a pláticas sostenidas con el municipio nos comenta la Directora de la Canaco Tampico, Lic. Elizabeth Del Ángel (2016) que la mayoría de las empresas comerciales y de servicios no han realizado una evaluación de proyecto, la mayoría ellas se han constituido por la experiencia de los dueños.

Al iniciar este proyecto de investigación se dio a la tarea de hacer una investigación de mercados para conocer la situación actual que se vivía en la zona centro de Altamira y poder conocer el área comercial y de servicios. Antes de dar una definición de mercados, es importante que la definición clásica de mercado, lugar donde concurren oferentes y demandantes, no es aplicable en la mercadotecnia, porque lo limita a un lugar donde se compran y venden productos. Tal definición podría hacer pensar al neófito que, por ejemplo la segmentación del mercado consistía en dividir una determinada plaza o tianguis en sección de abarrotes, blancos, carnes, etc., (Fischer, L. 2012)

La investigación de mercados es más que una definición del mercado, es realizar un proceso administrativo en donde su estructura sería básicamente un objetivo de investigación, la forma de cómo vamos a recoger la información, analizarla para conocer gustos, preferencias o características específicas de una población y tomar decisión en función del análisis realizado.

Después de conocer la situación actual donde se realizará la investigación, se debe conocer que metodología utilizaremos para hacer la evaluación de los servicios que ofrece la Cd. De Altamira.

Concepto de Metodología

Es muy importante que al momento de realizar una investigación, se tenga en claro la metodología que se llevará a cabo, debido a que la metodología ayuda y permite cumplir ciertos objetivos en una investigación, a continuación se muestra un conceptos de metodología.

Metodología

La metodología hace referencia al camino o al conjunto de procedimientos racionales utilizados para alcanzar el objetivo o la gama de objetivos que rige una investigación científica, una exposición doctrinal o tareas que requieran habilidades, conocimientos o cuidados específicos. Con frecuencia puede definirse la metodología como el estudio o elección de un método pertinente o adecuadamente aplicable a determinado objeto (Hernández, R.; Fernández, C.; y Baptista, P., 2012)

Metodología de Iniciativa de Ciudades emergentes y Sustentables (ICES) del Banco Interamericano de Desarrollo (BID, 2013).

Urbanización en América Latina

América Latina y el Caribe es la segunda región más urbanizada del planeta con 8 de cada 10 personas viviendo en ciudades. Entre 1950 y 2014, se urbanizó a una tasa sin precedentes, aumentando su población urbana (como porcentaje del total) de 50 por ciento a 80 por ciento; una cifra que se espera que alcance 86 por ciento en 2050.

En las últimas dos décadas, la población urbana y el crecimiento económico de la región se ha estado llevando a cabo cada vez más en las ciudades de tamaño intermedio, que se están expandiendo de manera exponencial.

¿Qué es ICES?

La Iniciativa Ciudades Emergentes y Sostenibles (ICES) es un programa de asistencia técnica no-reembolsable que provee apoyo directo a los gobiernos centrales y locales en el desarrollo y ejecución de planes de sostenibilidad urbana.

ICES emplea un enfoque integral e interdisciplinario para identificar, organizar y priorizar intervenciones urbanas para hacer frente a los principales obstáculos que impiden el crecimiento sostenible de las ciudades emergentes de América Latina y el Caribe. Este enfoque transversal se basa en tres pilares: (i) sostenibilidad medioambiental y de cambio climático; (ii) sostenibilidad urbana y; (iii) sostenibilidad fiscal y gobernabilidad. La Metodología ICES se organiza en dos etapas y cinco fases.

A continuación se presenta un semáforo de diagnóstico en donde se marca de baja, media, alta intensidad de prioridad para la ciudad de estudio.

La primera etapa comienza con la ejecución de una herramienta de diagnóstico de evaluación rápida para identificar los retos de sostenibilidad de una ciudad. Después, los temas (por ejemplo, agua, calidad del aire, la transparencia, etc.) son priorizados a través del uso de múltiples filtros - ambiental, económico, opinión pública y experticia de especialistas por sector- para identificar los problemas que plantean los mayores desafíos para la sostenibilidad de una ciudad. Por último, un Plan de Acción es formulado, conteniendo las intervenciones priorizadas y un conjunto de estrategias para su ejecución a través del corto, mediano y largo plazo.

En la segunda etapa, la fase de ejecución se inicia con la preparación de estudios de pre-inversión para las intervenciones priorizadas y la implementación de un sistema de monitoreo ciudadano. Las ciudades emergentes de la región requieren de procesos de desarrollo orientados hacia acciones y propuestas específicas, capaces de catalizar una mejor calidad de vida urbana.

La Metodología ICES promueve la idea de que las estrategias de desarrollo urbano bien planificadas, integrales y multisectoriales tienen la capacidad de brindar mejoras a la calidad de vida y de trazar un futuro más sostenible, para las ciudades emergentes de América Latina y el Caribe.

Recientemente, la Iniciativa ha estado trabajando en el fortalecimiento de la Metodología ICES incluyendo temas relacionados a desarrollo económico local, competitividad y la creación de empleo productivo. La propuesta de ajuste metodológico establece un nuevo conjunto de 10 temas, 15 subtemas y 17 indicadores. Además, el marco metodológico actualizado recomienda tres nuevos estudios de base adicionales sobre desarrollo económico, añadiendo otros 23 indicadores. Esta actualización facilitará un análisis más robusto de la economía local, permitiendo que la ICES identifique de mejor manera estrategias para promover el desarrollo económico sostenible y equitativo a nivel de ciudad. ICES está llevando a cabo pruebas piloto para evaluar la robustez y la aplicabilidad de la propuesta en Quetzaltenango, Guatemala y San José, Costa Rica. Indicadores de la iniciativa ciudades emergentes y sostenibles. Guía metodológica (versión 2013)

El Banco Interamericano de Desarrollo (BID) creó la Iniciativa Ciudades Emergentes y Sostenibles (ICES) en 2010 en respuesta al veloz y poco regulado proceso de urbanización en la región de América Latina y el Caribe (ALC) y la consecuente necesidad de abordar las problemáticas relativas a la sostenibilidad que enfrentan las ciudades medianas en rápido crecimiento.

La Iniciativa respalda a las ciudades participantes en el desarrollo de planes de acción que abordan tres dimensiones de la sostenibilidad: la sostenibilidad ambiental, el desarrollo urbano sostenible, y la sostenibilidad fiscal y la buena gobernabilidad. La dimensión ambiental incluye temas tales como la calidad del aire y el agua, la mitigación de las emisiones de los gases de efecto invernadero (GEI), la adaptación al cambio climático, la reducción de la vulnerabilidad a los desastres naturales y la cobertura de los servicios públicos. La dimensión del desarrollo urbano considera los aspectos físicos, económicos y sociales del desarrollo urbano. La dimensión fiscal y de gobernabilidad aborda las características de la buena gobernabilidad, entre ellas: transparencia, participación pública y gestión orientada a la obtención de resultados, así como también las prácticas fiscales de las ciudades, como la recuperación de los costos de pago, la administración de la deuda y la inversión pública. Este enfoque multisectorial les permite a las ciudades superar las dificultades típicas asociadas al pensamiento en silos sectoriales.

Indicadores temáticos

En junio de 2012, la ICES publicó una guía que explica cómo implementar la metodología de la Iniciativa. Uno de los primeros pasos de dicha metodología consiste en realizar un diagnóstico de la ciudad sobre la base de un análisis de indicadores temáticos en cada una de las tres dimensiones. El segundo anexo de la guía describe las características de los indicadores de la ICES y contiene un cuadro que los muestra con sus descripciones básicas, unidades de medida y criterios para la clasificación de los valores individuales. El objetivo del presente documento es complementar dichas publicaciones brindando una descripción más detallada de los indicadores, información sobre cómo recopilarlos y su papel en la metodología de la Iniciativa.

Juntamente con los datos cualitativos recabados por medio de entrevistas y la experiencia de especialistas, los indicadores se utilizan para identificar las problemáticas críticas de una determinada ciudad.

Actualmente, la ICES contempla entre uno y nueve indicadores para cada uno de los 23 temas distintos relacionados con las dimensiones ambiental, urbana y fiscal/de gobernabilidad de la sostenibilidad.

La ICES ha creado tres categorías para clasificar el valor de cada indicador: "verde" (sostenible, buen desempeño), "amarillo" (desempeño potencialmente problemático) o "rojo" (no sostenible, desempeño altamente problemático). Sobre la base del color designado a los indicadores de cada tema, el tema mismo se clasifica en rojo, amarillo o verde.

Los temas incluidos en la categoría rojo o crítico luego se evalúan y priorizan en función de tres criterios ("filtros"): opinión pública (la importancia de tal problemática para los ciudadanos), vulnerabilidad al cambio climático (el impacto del cambio climático sobre este tema o los problemas en materia de mitigación asociados a este tema) y el costo potencial de la problemática para la economía de la ciudad (el costo de la inacción).

Con los aportes y la aprobación de la ciudad, se seleccionan entre dos y cinco temas que obtengan las puntuaciones más altas en estos tres ejercicios de priorización, los cuales constituirán el objeto del plan de acción.

Los especialistas del BID, consultores, funcionarios de la ciudad y otros actores relevantes analizan luego en mayor detalle los temas priorizados en la ciudad, y comienzan a desarrollar respuestas para los temas prioritarios seleccionados, optando por la mejor combinación de soluciones para el plan de acción.

¿Por qué se precisa un diagnóstico rápido?

Las ciudades constituyen sistemas complejos y dinámicos que comprenden innumerables componentes que interactúan entre sí. A fin de entender las problemáticas de una ciudad, es necesario analizar la mayor cantidad posible de dichos componentes. Sin embargo, la cantidad de tiempo y recursos de los cuales disponen los funcionarios de las ciudades para examinar en profundidad cada uno de estos temas es limitada.

Considerando esta situación, la ICES comienza el proceso con un diagnóstico rápido de los temas fundamentales relacionados con las dimensiones de crecimiento sostenible mencionadas, enfocándose en ciertos indicadores claves para cada tema para determinar si se requiere acción urgente. Una vez identificados los temas críticos por medio de dicho diagnóstico rápido, se los prioriza según criterios sociales, ambientales y económicos.

Luego, la ICES investiga en profundidad cada tema crítico priorizado, con el propósito de desarrollar una serie de posibles soluciones efectivas. De esta manera, el tiempo y los recursos se emplean de modo eficiente en el diagnóstico inicial; se identifican las áreas críticas de la ciudad empleando un pequeño conjunto de indicadores representativos para cada tema y se analiza con mayor grado de detalle una cantidad más controlable de temas priorizados.

Un diagnóstico rápido permite a las ciudades avanzar más ágilmente hacia la etapa de acción de la Iniciativa. Mantener la perspectiva del diagnóstico inicial les permite a las ciudades concentrarse en el desarrollo y la implementación de soluciones innovadoras a sus problemas de sostenibilidad. Existen dos motivos principales por los cuales es importante realizar un diagnóstico rápidamente.

El primero de ellos es que, por su diseño, las ciudades seleccionadas para la ICES tienen un alto crecimiento y, por lo tanto, deben tomar medidas para resolver sus problemas de sostenibilidad inmediatamente o, de lo contrario, se arriesgan a alcanzar un desarrollo no sostenible que puede resultar mucho más difícil y costoso de corregir. En este sentido, cuanto más rápido puedan estas ciudades resolver sus problemáticas pendientes, ya sea por medio de leyes, planificación o proyectos específicos, mejor será para su sostenibilidad.

Otro motivo para avanzar rápidamente a la etapa de acción es la continuidad gubernamental. Muchos estudios excelentes no llegan a implementarse porque no se correlacionan adecuadamente con soluciones concretas o porque lleva demasiado tiempo desarrollarlos y, entretanto, el gobierno cambia y los estudios, una vez finalizados, se ignoran. Las ciudades, frustradas por esta situación, exigen acciones inmediatas. Al avanzar rápidamente de la etapa de diagnóstico a la de acción, existen mayores probabilidades de que se implemente el plan de acción.

La función de los indicadores en la metodología de la ICES

Con la participación de la ciudad, la ICES identifica rápidamente las problemáticas locales críticas, prioriza los sectores de desempeño deficiente más importantes y desarrolla un plan de acción con soluciones innovadoras y asequibles. A medida que comienza la implementación del plan de acción, la ICES también establece un sistema de monitoreo ciudadano para hacer un seguimiento de los resultados empleando indicadores y objetivos específicos.

Como se explicó anteriormente, los indicadores cumplen un papel fundamental en la identificación de los temas de menor desempeño en la ciudad. En este sentido, si bien el punto de referencia teórico puede basarse en normas internacionales y promedios regionales, la función primordial de los indicadores en la metodología no consiste en comparar una ciudad con otras, sino en ayudar a seleccionar las áreas críticas de la ciudad. Es decir, una comparación con otras ciudades ayuda a identificar los problemas que se enfrentan a nivel local, pero ese no es el objetivo final, sino un medio para determinar un área problemática que precisa de soluciones.

El objetivo de los indicadores tampoco consiste en brindar un análisis detallado de cada sector. Los indicadores y sus criterios de clasificación sirven para señalar dónde hay un problema y cuál es la gravedad de la situación con el fin de priorizar la acción. Los indicadores no precisan identificar la problemática específica dentro del tema ni ofrecer soluciones.

Enfoque de la Investigación.

El enfoque que utilizaremos en este proyecto es cuantitativo.

Se le llama método cuantitativo o investigación cuantitativa a la que se vale de los números para examinar datos o información. Es uno de los métodos utilizados por la ciencia. La matemática, la informática y las estadísticas son las principales herramientas (Fischer, L.; 2012)

Tipo de Investigación. La investigación es descriptiva ya que nos muestra las características de los indicadores mencionados de la ciudad de Altamira, es transversal por que suele ser descriptiva más que experimental. Estos tipos de estudios son útiles para describir un efecto particular en una población en particular en un momento determinado en el tiempo. (Hernández, R.; Fernández, C.; y Baptista, P., 2012)

Estudio transversal, es un estudio estadístico y demográfico, utilizando en ciencias sociales y ciencias de la salud, que mide a la vez la prevalencia de la exposición y del efecto en una muestra poblacional en un solo momento temporal, es decir permite estimar la magnitud y distribución de una enfermedad en un momento dado. (Hernández, R.; Fernández, C.; y Baptista, P., 2012)

Población y Muestra.

La población que se considerará en este proyecto será la Cd. Altamira, Tamaulipas tomando como indicadores de las empresas comerciales y de servicios de la zona centro inscritas en la Cámara Nacional de Comercio de Altamira considerando solo los socios 2400 agremiados. Se calculó la muestra y nos da como resultado 335 empresas para la recolección de los datos.

Técnica de recolección de datos.

Existen diferentes métodos para la obtención de la información cuantitativa que deseamos sobre aspectos ordenados en un cuestionario, consultando a las personas que cumplan con el perfil de nuestra población.

La recolección de datos se realizará con un cuestionario aplicado en el periodo comprendido del mes de Abril a Junio del año en curso.

Cuestionario (Fischer, L 2012) es una de las herramientas más importantes para obtener la información deseada, ya que se utilizará un gran número de entrevistadores para recabar la información, cualquier falta de claridad en los cuestionarios provocará malas interpretaciones y equivocaciones que darán por resultado una recopilación errónea.

Resultados

Los resultados obtenidos en la investigación y de acuerdo a los indicadores marcados por BID y de acuerdo a ICES

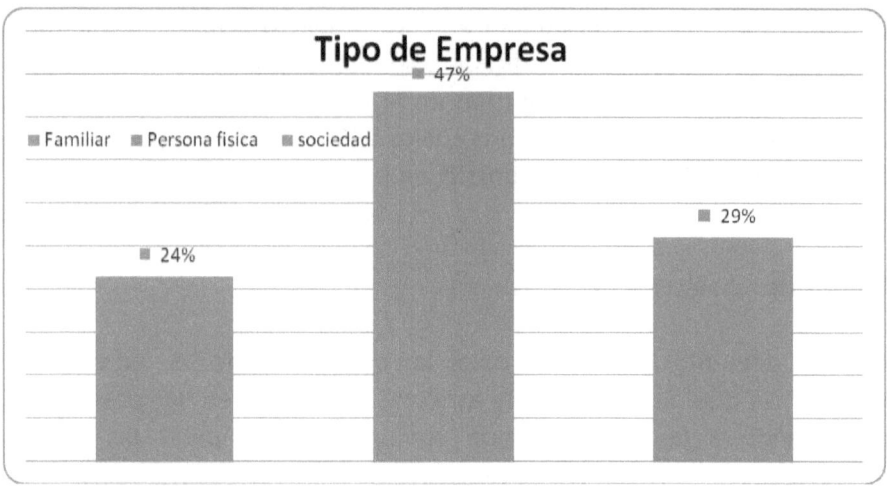

Fuente: Elaboración Propia

Al considerar el tipo de empresa es para conocer las oportunidades financieras que tienen los dueños o accesos para los apoyos que el gobierno les da a los pequeños empresarios o personas físicas como podemos darnos cuenta que 47% de las empresas son microempresas.

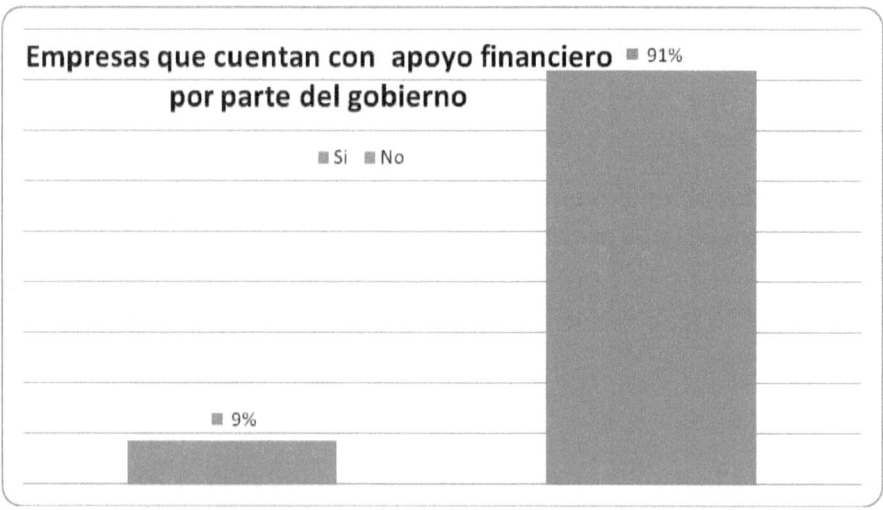

Fuente: Elaboración Propia

La mayor parte de las empresas no cuentan con apoyos de financiamiento por parte del gobierno atendiendo a sus observaciones se menciona el desconocimiento de ello.

De acuerdo a los indicadores de ICES se evalúa en el área de competitividad para los negocios si contaban con los servicios públicos por parte del gobierno.

9.-¿Con que servicios públicos cuenta su empresa?

Fuente: Elaboración Propia

De acuerdo a las encuestas los resultados son:
100% cuenta con Agua potable
100% Energía eléctrica
58% Recolección de basura
96% Alumbrado publico

Servicios Privados

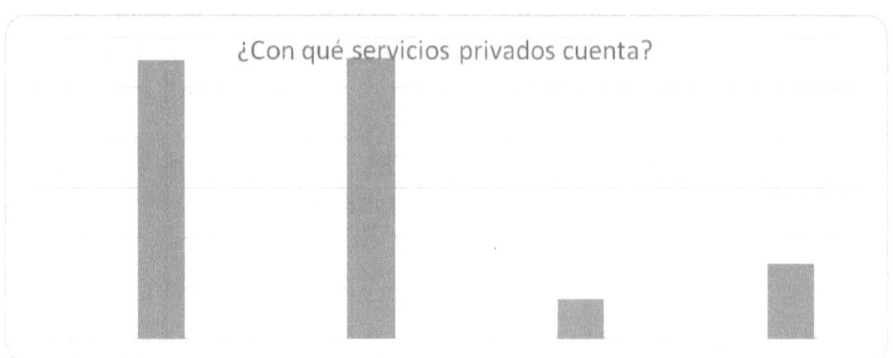

Fuente: Elaboración Propia

En cuanto a los servicios privados que ofrecen otras compañías que no dependen del Municipio los resultados son:

100% cuenta con Telefonía e Internet
18% Televisión por cable
23% Gas entubado

En forma general se evalúa la ciudad de Altamira para ver si da respuesta a la ciudadanía así como a los empresarios de la zona.

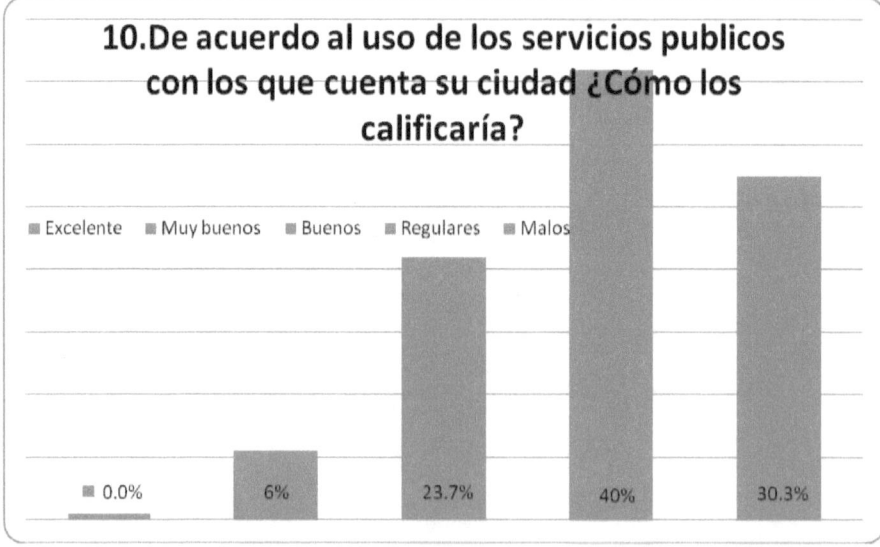

Fuente: Elaboración Propia

Como podemos darnos cuenta en esta última grafica en donde se evalúa en general la ciudad el 40% de la población la califica de regular hacia una tendencia de mala esto nos lleva a que sigue en desarrollo y tiene carencias por parte del gobierno para dar solución o respuesta a la ciudadanía.

Conclusión

De acuerdo a los objetivos de los indicadores marcados por el BID y ICES son: Integralidad, Planificación Urbana, Posibilidad de comparación al analizar los resultados recabados por el instrumento nos podemos dar cuenta que no se le da respuesta a la ciudadanía en la planificación urbana ya que la ciudad de Altamira es más rural y el crecimiento que se está dando es sin planificación y en cuanto a la zona comercial y de servicios que se ofrecen en la ciudad fueron evaluadas con porcentaje bajo. Los servicios públicos y privados que se le dan a los empresarios no les da una respuesta de satisfacción, analizando los datos de acuerdo a la metodología ICES del BID la ciudad se encuentra en un foco amarillo a continuación se explica cómo lo clasifica la ICES.

La ICES ha creado tres categorías para clasificar el valor de cada indicador: "verde" (sostenible, buen desempeño), "amarillo" (desempeño potencialmente problemático) o "rojo" (no sostenible, desempeño altamente problemático). Sobre la base del color designado a los indicadores de cada tema, el mismo se clasifica en rojo, amarillo o verde. Si deseamos medir el servicio de gas natural seria:

Porcentaje de hogares de la ciudad con conexión autorizada a la red de suministro de gas natural de acuerdo a la metodología de ICES 2013 maneja los siguientes valores.

> 25%	15–25%	< 15%

De acuerdo a nuestra investigación nos da que el 23% son los que cuenta con este servicio y la tabla del indicador se encuentra en color amarillo, como podemos darnos cuenta la ciudad de Altamira tiene una problemática critica en cuanto a los servicios públicos y privados, la iniciativa respalda tres aspectos: 1. Sostenibilidad Ambiental, 2. Desarrollo urbano sostenible, 3. Sostenibilidad fiscal y la buena gobernabilidad. Los resultados de la investigación de campo que se realizaron de acuerdo a la encuesta los empresarios nos respondieron en una forma general para evaluar la ciudad que se encuentra en desarrollo y que falta el apoyo el gobierno.

En consideración a las fases de la ciudad de la metodología ICES del BID y en base a los resultados de la investigación realizada en este proyecto, como primera conclusión se requiere de inversión ya que tiene muchos recursos naturales a explotar, a pesar de ser considerada a nivel nacional dentro de los diez primeros Puertos productivos, así como la zona o parque industrial que se encuentra en dicha ciudad, esto no ha garantizado el crecimiento en la población en las áreas de educación, salud y servicios.

Referencias Bibliográfica

Anexo2 (2013). Banco Interamericano de Desarrollo, *Indicador de la iniciativa Ciudades Emergentes y Sostenibles*, Guía Metodológica.

Ayuntamiento de Altamira Tamaulipas (2013). *Altamira Fortaleza de Tamaulipas*. Se puede consultar en: www.altamira.gob.mx

Baca, G. (2008). *Evaluación de Proyectos de Inversión*. México: Mc Graw Hill

Fernández, R. (2013). *Segmentación de Mercados*. México: Mc Graw Hill.

Fischer, L, y Espejo, J. (2012). *Investigación de Mercados*. México: Servicios Express de Impresiones, S.A de C.V.

Hernández, R.; Fernández, C.; y Baptista, P. (2012). Metodología de la Investigación. Cuarta Edición. Mc Graw Hill: México.

Instituto Nacional de Estadística y Geográfica (,2014). *Anuario Estadístico y Geográfico de Tamaulipas, 2014*. Se puede consultar en: www.inegi.org.mx/

Lic. Del Ángel García Elizabeth (2016), Directora de Cámara Nacional de Comercio y Servicios Turísticos de Cd. Tampico, Tam.

Negocios Verdes. (2012). Se puede consultar en: http://negociosverdes.org.mx

Wikipedia (2016) wikipedia.org. Recuperado: https://es.wikipedia.org

6

Energía y Sustentabilidad Ambiental, generalidades para la zona metropolitana del sur de Tamaulipas.

Dra. Dora Manzur Verástegui

C.Dr. Raúl Treviño Hernández

M.S.I. Rosa María Hernández Rejón

Energía y Sustentabilidad Ambiental, generalidades para la zona metropolitana del sur de Tamaulipas.

RESUMEN

La sustentabilidad energética, es un reto mundial, teniendo en cuenta que cualquier intento por incorporar nuevas tecnologías, se enfrentan a riesgos potenciales de contaminación al medio ambiente. El objetivo del presente trabajo, es presentar una síntesis de tópicos relevantes, que impactaran la sustentabilidad energética en México, con especial atención en la zona sur del estado.

La contaminación ambiental. Como fuente de energía se sigue usando en mayor medida los recursos no renovables, como hidrocarburos. Un ejemplo de ello es: la extracción de petróleo en aguas profundas, la cual con frecuencia ocasiona contaminación descontrolada por derrames en el mar, poniendo en riesgo los ecosistemas marinos de las costas, entre ellas la de México; otro ejemplo es el gas shale o gas de lutita, el cual debido a un control inadecuado, en la técnica de extracción llamada *Fracking*, (Fracturación hidráulica) ha ocasionado grandes desastres ecológicos en algunos países cono: USA, Chile y en algunos de Europa, motivo por el cual, se han amparado para prohibirlo el uso o han ganado demandas millonarias, por daños causados a la salud o al medio ambiente. La zona de estudio ofrece excelentes condiciones estratégicas, para el uso de fuentes de energía renovables, dentro del diseño urbano ya que éstas constituyen una respuesta viable para sustituir al petróleo como principal generador energético.

Palabras Claves: Sustentabilidad, Energías alternativas, Conciencia ecológica.

1. Introducción.

Costa Rica, es un país que se ha caracterizado por el cuidado al medio ambiente y ahora se propone para éste año ser el primer país que use sólo fuentes renovables para la generación de la energía que requiere. En seguida se presenta una síntesis de tópicos relevantes, que impactaran directamente la sustentabilidad energética en México y en especial la zona metropolitana o sur del estado de Tamaulipas. Los tópicos a tratar son:

1. Conceptos: Sustentabilidad o Desarrollo Sustentable y Energía.
2. Energía en México y su Legislación.
3. Impacto Ambiental en la obtención de energéticos.
4. Sustentabilidad Energética en la República Mexicana y el estado actual de la sustentabilidad en la zona metropolitana o sur del estado de Tamaulipas.

1.1 Sustentabilidad o Desarrollo Sustentable y Energía (Conceptos).

Desarrollo Sustentable: (DS), su definición se asumió en el Principio 3° de la Declaración de Río, (1992). En la Conferencia de Río se establece "oficialmente" que lo sostenible o sustentable no se refiere exclusivamente al componente medioambiental de las cosas, sino que había que estudiar del mismo modo las cuestiones sociales y económicas, para conocer en qué forma interaccionan estas variables.

La mayoría de los investigadores en Ecología, en México, aceptan que el desarrollo sostenible o desarrollo sustentable son sinónimos, y que ambos términos pueden usarse cuando se refiere a un proceso que puede mantenerse sin afectar a la generación actual o futura, intentando que el mismo sea perdurable en el tiempo sin agotar los recursos actuales, buscando cubrir las necesidades actuales, pero siempre teniendo en mente que las generaciones futuras puedan también cubrir las suya de acuerdo a la (LGEEPA). Para el presente estudio se usarán los dos términos con el mismo concepto. La práctica del desarrollo sustentable o sostenible tiene un fundamento humanista con valores y principios éticos. La ética global para un mundo sostenible o sustentable, fue desarrollada a partir de un proceso participativo y global, por un período de 10 años, iniciado en la Cumbre de Río 92, y el cual culminó en el año 2000. Ver figura 1, con pilares de la sustentabilidad.

Fig. 1. Pilares de la sustentabilidad Energética. **Fuente:** Diseño propia, con base en los pilares de la (CGLU).

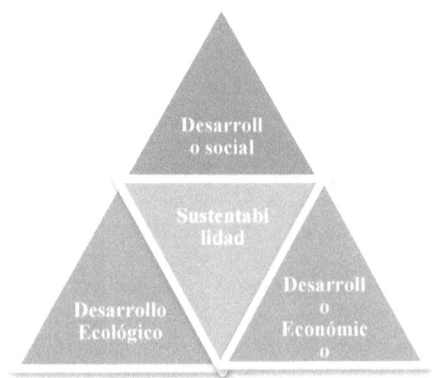

1.2. Objetivo del desarrollo energético sustentable. (DES)

Su objetivo, es definir proyectos viables y armonizar los aspectos económico, social, y ambiental de las actividades humanas, con los tres pilares del desarrollo sustentable, apoyando la producción de energía limpia y renovable, con tecnologías más eficientes, tomando en cuenta la cultura de las comunidades. Sus objetivos específicos son:

- ✓ *Sustentabilidad económica:* se da cuando la actividad que se mueve hacia la sostenibilidad ambiental y social es financieramente posible y rentable.
- ✓ *Sustentabilidad social:* basada en el mantenimiento de la cohesión social y de su habilidad para trabajar en la persecución de objetivos comunes.
- ✓ *Sustentabilidad ambiental:* compatibilidad entre el proceso de la producción energética con la preservación de la biodiversidad y de los ecosistemas y *La cultura, ya* que la Organización Mundial de la Ciudades (CGLU) en el 2010, la aprobó como el cuarto pilar del

DS. En seguida de exponen los Objetivo de Desarrollo Sostenible (ODS) 7 y el desarrollo energético sostenible en América latina y el caribe (Crónica ONU, 2015.).

Fig. 2 Los ODS 7 y sus metas específicas para 2030. Estructura propia, con base en. Crónica ONU, 2015

---

1. **Garantizar el acceso universal a servicios de energía** confiables y modernos;
2. **Aumentar sustancialmente el % de la energía renovable** como fuentes de energía;
3. **Duplicar la tasa mundial de mejora de la eficiencia energética;**
4. **Aumentar la cooperación internacional a fin de facilitar el acceso a la investigación y las tecnologías energéticas no contaminantes, incluidas las fuentes de energía renovables; Ampliar la infraestructura y mejorar la tecnología** para prestar servicios de energía modernos y sostenibles para todos en los países en desarrollo, en consonancia con sus respectivos programas de apoyo.
5. **Reconoce que el reto de cambiar a sistemas energéticos más sostenibles como** necesidad mundial y no como problema del Norte o del Sur, reconoce tanto el mayor uso de la energía renovable como mejorar la eficiencia en el uso de **energía basada en combustibles fósiles son importantes y no se excluyen.**
6. **Refleja el hecho de que habrá diferentes soluciones para los distintos países; Pone de relieve que es el acceso a los servicios proporcionados por la energía lo que es esencial para el desarrollo y no la energía en sí misma.**
7. **Garantizar el acceso universal a servicios de energía asequibles,** confiables y modernos; **Aumentar el porcentaje de la energía renovable** como fuentes de energía; **Duplicar la tasa mundial de mejora de la eficiencia energética; Aumentar la cooperación internacional facilitando el facilitando el acceso a la investigación y a tecnologías energéticas no contaminantes y renovables.**

1.3 Energía

La definición común y global en la bibliografía revisada es, que la energía es la capacidad que tiene la materia de obrar, producir trabajo en forma de movimiento y se podrá transformarse en cualquiera de sus manifestaciones, como en: eléctrica, luminosa, mecánica, térmica etc.

2. Generación de Energía en México.

2.1 Demanda del Sistema Eléctrico Nacional.

Tabla. 1 Información del Centro Nacional de Control de Energía. Fuente: CENACE. 2016

40,562 MW Demanda Bruta Actual	
39,706 MW	**38,883 MW**
Demanda Actual Neta	**Pronóstico Neto**
Prospectiva del Sector Eléctrico (2012-2026) Satisfacer el consumo Nacional futuro de energía eléctrica, de acuerdo con lo calculado en el (SENER, 2013), es: 445.1Wh Consumo proyectado para el año 2026. Industria 58.4% Residencial 25.5% Comercial 6.1%"	

2.2 Energía Renovables.

La generación de energía, debe usar recursos renovables. Como por ejemplo:

- ✓ **Energía eólica**
- ✓ **Energía geotérmica**
- ✓ **Energía hidráulica**
- ✓ **Energía mareomotriz**
- ✓ **Energía solar**
- ✓ **Producción de energía por Biomasa.**

En seguida se describen algunas de las características de estas energías.

2.2.1 Energía Eólica en México.

La obtención de energía a partir de la generación de energía cinética o de movimiento que produce el viento. A mediados de los años 70, empezó a producirse. De acuerdo con la *Asociación Mexicana de Energía Eólica*, en México, ya operan 32 parques eólicos amdee, (2015).

En el presente año, se puso en marcha, el parque eólico Tres Mesas, ubicado al norte del estado de Tamaulipas. Con inversión superior a 125 millones de dólares, generando más de mil empleos directos y contratando casi 50 empresas locales en proveedurías, ya cuenta concluidas las estaciones lectoras y de interconexión con la Comisión Federal de Electricidad (CFE), totalmente terminadas 20 de las 49 gigantes torres eólicas (REVE, Sep. 2016).

Beneficios de la generación de Energía Eólica:

1. Es que utiliza un recurso renovable y limpio
2. Es con tecnología económica
3. De muy bajo el impacto ambiental y
4. Se utiliza con éxito en muchos países desde ya un largo tiempo.

Riesgos:

1. La más importante, es la necesidad de las corrientes de aire constantes. Para que sea redituable su implementación.
2. La mayoría de los parques eólicos se encuentran por lo general en las costas.
3. Las hélices pueden causar daño a las aves y genera impacto visual.

2.2.2 Energía Geotérmica (EG).

Ésta energía, aprovecha de calor interior o energía calorífica de la tierra y se le reconoce con los nombres de "Geotérmico". La EG, se generaron hace miles de años por actividad tectónica.

La temperatura aumenta de 2 a 4° por cada 100 m de profundidad. (Energía Geotérmica, 2015). En México se localizan en el centro del país, es el tercer país en el mundo en su generación. El Financiero, (2014). Los cuatro campos geotérmicos bajo explotación en México, producen 958 MW y son:

✓ En Mexicali, Baja California, opera la planta de Cerro Prieto, la mayor central de energía geotérmica a nivel mundial, con capacidad de20 MW.

✓ Los Azufres en Michoacán 188 MW.
✓ Las Tres Vírgenes en Baja California Sur 10MW.
✓ Los Humeros en Puebla 40 MW. (Forbes 2016).

Beneficios.

1. En México existen más de 20 manifestaciones termales con potencial para obtención de energía. Considerada como fuente de un alto rendimiento.
2. El bajo costo tecnológico para su extracción.
3. No necesita grandes extensiones de terreno, el impacto al paisaje es mínimo
4. No necesita estanques para el desagüe de aguas negras.

Riesgos

1. No todas las manifestaciones termales son aptas para la obtención de energía, la mayoría se utiliza como aguas termales, como atractivo turístico.
2. Se puede considerar como semirenovables. Ver la siguiente figura.

2.2.3. Energía Hidráulica.

Ésta energía en éste caso se obtiene de la energía cinética, por caídas de agua en forma de cascadas o por corrientes de agua. Es considerada como renovable. Requiere del equipamiento de grandes turbinas y un alternador para convertirla en energía eléctrica. México cuenta con grandes centrales hidroeléctricas. El país tiene un importante potencial hidroeléctrico. Estimado en 3.200 MW en los estados Chiapas Veracruz Puebla y Tabasco

Beneficios. Se considerar energía limpia siempre y cuando cumpla con lo siguiente:

1. Su impacto ambiental suele ser casi nulo,
2. Usa la fuerza hídrica sin represarla
3. Alto rendimiento energético y el costo de operación es bajo

Riesgos. Produce un gran impacto ambiental:

1. La construcción de presas, provocan la disminución del caudal de los ríos.
2. alteran la calidad de las aguas.
3. Cuando se inundan grandes superficies de terreno y si se modifican el caudal del río. Producen pérdidas de suelo productivo y fauna terrestre.
4. La construcción de centrales hidroeléctricas es costosa y se necesitan grandes tendidos eléctricos.

2.2.4 Energía mareomotriz. (EM).

México solo tiene un área para la obtención energía mareomotriz. En la costa de California con extensión de 2600 Km^2.La energía se obtiene aprovechando el movimiento de las olas, la diferencia de la altura media de los mares, con lo que se puede crear una gran cantidad de energía cinética la cual se almacena para la generación de electricidad, La EM, se originan a partir del viento, los cambios de temperatura y salinidad en el agua y por las fuerzas de gravedad.

Beneficios de la energía mareomotriz.

1. Es la forma más concentrada de energía renovable ya que es ambientalmente benigno y no contaminantes: no usa combustible
2. En México existen altas demandas de energía cerca de las costas.
3. La potencia de las olas es predecible y confiable como para predecir con exactitud su espectro y el poder días antes.

Riesgos, ya que genera:

1. Impacto visual por las instalaciones que se requieren para la generación y transformación así como las de almacenamiento. Impacto económico ya que la inversión inicial es muy alta ya que sólo es redituable en donde *las olas* donde las olas son altas.

2.2.5 Energía Solar.

En México el uso de la energía solar o también llamada de celdas, en los últimos diez años se ha popularizado, ya que se demostró, que es más económica de lo que se pensaba. La radiación solar es inmensa e inagotable. La cual puede ser captada por celdas fotovoltaicas, cada vez más eficientes para transformarse en energía eléctrica. El 70 % de las ofertas presentadas en la primera subasta de largo plazo del sector eléctrico, realizada en mayo de éste año, correspondían a desarrollos de energía solar fotovoltaica. "El costo de la energía solar generada en México se redujo 70 por ciento desde 2010 a la fecha, y se prevé que se inviertan 5 mil millones de dólares para producir 4 mil MWs adicionales/h. (amdee,, 2015).

Beneficios

1. Es una forma de obtención de energía limpia y renovable.
2. Es rentable con 8 h de radiación solar.
3. Su generación puede ser para un edificio o para una ciudad.
4. Si se genera más que la que se consume, la CFE, paga.
5. Su implementación es sencilla y no requiere de mucho mantenimiento.

Riesgos

1. Para captar grandes cantidades de energía se requiere de grandes extensiones de terreno por lo que la inversión inicial es grande. Muchos de los insumos que re requieren en la generación de energía solar son importados.
2. Es la energía más redituable de las energías renovables La Jornada ago. (2016).

2.2.6. Energía por Biomasa.

La biomasa, es generada por la descomposición de la MO, tanto de origen vegetal como animal. Cualquier tecnología empleadas para la generación de energía, emitirá CO_2, como subproducto de la descomposición orgánica

Solo que en la biomasa es menor y de fácil absorción por otras plantas (endesa, 2017-17).

Beneficios

1. La biomasa es renovable. Es la única que puede permitir un balance de Los subproductos que se forman pueden ser absorbidos por las plantas.
2. Se puede aprovechar el biogás que se forma además se puede obtener bioetanol que contamina menos que la gasolina.

Riesgos

1. El uso de madera propicia la deforestación y requiere de calor.
2. Cualquier proceso de combustión genera emisiones contaminantes de sus subproductos
3. Los insumos que se requieren deben de ser controlados ya que si de descuida la emisiones de CO_2 pueden aumentar de manera considerable.

2.3. Energías no renovables o difíciles de renovar.

Dentro de las energías no renovables o muy difíciles de renovar se encuentran:

- ✓ **La Producción por Combustibles Fósiles**
  - A. Carbón
  - B. Petróleo
  - C. Gas natural
- ✓ **Energía nuclear o atómica, que requiere de elementos radiactivos.**

2.3.1 Combustibles Fósiles.

Se consideran combustibles fósiles: el carbón, el petróleo y el gas natural. Los combustibles fósiles fueron y siguen siendo la principal fuente de energía en el mundo. En diversos estudios se ha comprobado que la producción de energía con combustibles fósiles, tiene un alto costo ambiental ya que, se le atribuye los impactos ambientales más devastadores como: Cambio climático; Destrucción de la capa de ozono; Efecto invernadero; La lluvia ácida; Aumento de las partículas en el aire. Las características de estos combustibles son:

A. El carbón para generar energía.

Desde la prehistoria hasta nuestros días el carbón ha sido la fuente de energía más usada y explotada industrialmente. De acuerdo con La U.S. Energy Información Agency (EIA), proyecto, que para el año 2040, el carbón seguirá siendo la principal fuente de energía eléctrica. Se cree que USA, en ese año el uso del gas shale será igual que el del carbón El Caribe, (2013).

El carbón es un combustible fósil, que se produce en millones de años, a partir de restos vegetales, que fueron cubiertos por capas de suelo bajo presión y alta temperatura en condiciones anaeróbica. Las centrales térmicas de carbón pulverizado constituyen la principal fuente mundial de energía eléctrica. La tecnología sigue avanzando para minimizar las emisiones contaminantes y mayor eficiencia en la generación de energía Muños y Grau, (2013). Las plantas de carbón producen electricidad a partir de combustión, en un generador que transforma el agua en vapor de alta presión y alta temperatura que impulsan un generador eléctrico para producir electricidad. TENARIS, 2013-2015.

Beneficios

1. Se calcula que existen reservas de carbón para 100 años.
2. Avances tecnológicos hacen más eficiente energético al carbón.
3. Dos tercios del acero mundial se producen utilizando coque de carbón.

Riesgos

1. Su combustión emite óxidos de azufre, bióxido de carbono y de óxidos de nitrógeno.

2. Mayor costo de producción que el uso de petroquímicos. Además crea sustancias abrasivas, corrosivas y erosivas y se puede considerar el combustible más sucio.

B. Producción de petróleo o gasolina.

Se estimó en el 2004 que los yacimientos son suficientes para satisfacer la demanda actual durante más de 200 años. Sus aplicaciones son en la: Generación de electricidad (2/3 partes), Industria siderúrgica y en Fabricación de cemento. Los yacimientos de hidrocarburos están formados por una mezcla de moléculas de hidrocarburos, junto con otras sustancias como agua salada, sulfuro de hidrógeno, dióxido de carbono, etc.

Antes de la explotación de cualquier depósito se requiere de una etapa de exploración, que implica la localización de yacimientos y el muestreo. Con lo cual se determina el tipo de infraestructura que se va utilizar y se delimita la zona de influencia. Después de explotados los posos, se obtiene la mezcla de hidrocarburos o crudo, el cual deberá pasar por una refinación con la que se separan productos que pueden ser comercializados como se puede ver en la siguiente tabla 3.

Tabla 3. Productos obtenidos de la destilación del crudo. Diseño propio con base en: http://www2.uned.es/biblioteca/energiarenovable3/sistemas.htm#gas

PRODUCTOS	USOS
Gases del petróleo	En la calefacción, cocina y ciertos procesos
Nafta.	petroquímicos.
Gasolina	Producto intermedio.
Queroseno	En motores convencionales
Gasóleo	En motores de aviación y en vehículos terrestres muy
Lubricantes.	pesados.
Fuelóleo	Multiusos
Elementos residuales como:	Combustible industrial.
Asfalto, alquitrán, ceras y coque	Diversos

C. Gas Natural.

Gas de esquisto, de pizarras o de lutitas, en inglés Shale Gas (SG), son los nombres con los que se reconoce el gas natural, atrapado en rocas intrusivas. Nombrado también gas no convencional, es el gas que se encuentra contenido en la misma roca donde se generó y que no puede ser producido con rentabilidad, sin la cuidadosa aplicación de la tecnología específica, mediante (fracking) fracturación hidráulica García, Juan, (2013). Ver la siguiente figura.

En México, se presenta una importante área de oportunidad con la extracción del SG, que ofrece grandes beneficios. Aunque es importante recordar que la ciencia y la tecnología, no son un bien absoluto, ya que siempre que presentan beneficios, implican también riesgos. En el proceso de extracción es necesario identificar y caracterizar los riesgos por contaminación química la cual es un riesgo potencial en éste proceso. Una vez determinados y caracterizados, se analizarán las opciones de tecnologías para implementar asegurando la eliminación o mitigación de los riesgos, de manera que al determinar el cociente de deseabilidad (CD), los beneficios superen los riesgos.

Beneficios

1. Hay grandes yacimientos en México, alternativa por la escases de petróleo
2. Si se cumpliera con la normatividad el impacto negativo sería menor que el de la extracción de petróleo

Riesgos

1. Contaminación del suelo. Aire y agua. Extinción de flora y fauna
2. Impacto en la salud de los pobladores.
3. Combustión espontánea

2.3.2 Producción con energía nuclear.

Es la energía almacenada en el núcleo de los átomos, que se desprende en la desintegración de dichos núcleos.

Esta energía es la liberada del resultado de una reacción nuclear, se puede obtener mediante dos tipos de procesos: Fusión Nuclear (unión de núcleos atómicos pequeños y livianos) y Fisión Nuclear (división de núcleos atómicos grandes y pesados). En las reacciones nucleares se suele liberar una gran cantidad de energía. Lo anterior se basa en la ecuación $E = mc^2$ producto del físico Albert Einstein. La energía producida en las centrales nucleares se emplea para calentar agua que, convertida en vapor, acciona unas turbinas unidas a un generador que produce la electricidad. (Chang, 2011). La generación de energía de ésta fuente, prometía crecer exponencialmente hasta que fue interrumpida por las catástrofes nucleares ocurridas en 1986 en Chernobil en Ucrania y en Fukushima en Japón. Este último fue en marzo de 2011, como efecto de un terremoto y tsunami de Japón, ambos alcanzaron el mayor nivel: 7.

Beneficios.

1. Pequeñas cantidades de combustible (reactivos nucleares), se producen una gran cantidad de energía y sus reservas de materiales son abundantes.
2. La cantidad de residuos es menor que las alimentadas por hidrocarburos. En México sólo existe una en Laguna Verde, Veracruz.

Riesgos.

1. Las centrales nucleares generan residuos altamente contaminantes y de difícil eliminación.
2. El confinamiento de residuos nucleares es costoso y no siempre segura.
3. El peligro de radiactividad exige la adopción de medidas de seguridad y control que resultan muy costosas.

2.3. Legislación Energética en México

2.3.1 Antecedentes de la Legislación.

La primera Ley del Petróleo, promulgada en 1901, permitía al Presidente de la República otorgar permisos a empresas y particulares para explotar los terrenos propiedad de la Nación. Posteriormente, con la promulgación de la *Constitución Política de 1917*(CPEUM), se estableció en el artículo 27 la restitución de la propiedad de las riquezas del subsuelo. Durante el desarrollo histórico del sector petrolero permitió la participación privada en la industria del petróleo y gas. Con el tiempo se originaron problemas laborales entre los trabajadores y las empresas. *En 1938,* el presidente Lázaro Cárdenas decretó el día de la expropiación petrolera el 18 de marzo y creó Petróleos Mexicanos. (Gamboa, 2013). *En el año 1960*, se hacen reformas como: *La prohibición de las concesiones en materia de petróleo o cualquier hidrocarburo;* El otorgamiento de contratos y la insubsistencia de los ya otorgados, dejando la explotación a cargo de la nación. *En <u>febrero de 1983</u>* se reformaron los artículos 26, 27 y 28 dela <u>Constitución</u> para establecerse, que *no constituyen monopolios las funciones exclusivas del Estado* en áreas estratégicas de <u>hidrocarburos</u>, así como <u>petroquímica básica</u>. *En los años1995, 2003 y 2008*, se realizaron reformas *que permitían la participación privada limitada* en la industria petrolera. (López Carreón, 2015). *En el 2012*, Petróleos Mexicanos *identifico reservas de aceite y gas shale* en los ||estados del norte de la república como: Coahuila, Nuevo León y Tamaulipas.

La mayor concentración documentada de petróleo y gas del país se encuentra en "Cuenca de Burgos" que es una extensión de los yacimientos del Estado de Texas a los estados Tamaulipas y Nuevo León. (Rubalcaba, Sánchez y col). En el 2013, el discurso fue "La necesidad de una reforma energética para modernizar a PEMEX. *En diciembre del 2013, la reforma energética se aprobó con lo que se abrió legalmente el mercado energético de los hidrocarburos a la iniciativa privada.* Con la idea de que mayor competencia bajaría su precio. *En el 2014 se aprueban las leyes secundarias a la reforma energética* constitucional aprobada en diciembre de 2013. Para ello, se dividieron las iniciativas de ley, en la elaboración de cuatro dictámenes, las cuales quedaron de la siguiente forma:

Tabla 4 Leyes secundarias de la reforma energética.
Fuente: https://es.wikipedia.org/wiki/Reforma_energ%C3%A9tica_(M%C3%A9xico)

Dictamen	Iniciativa	Fecha de discusión y aprobación
1	Iniciativa Ley de Hidrocarburos y reformas a la Ley de Inversión Extranjera, Ley Minera y Ley de Asociaciones Público Privadas	6 y 7 de junio de 2014
2	Ley de la Industria Eléctrica, Ley de Energía Geotérmica y reformas a la Ley de Aguas Nacionales	9 de junio de 2014
3	Ley de Petróleos Mexicanos, Ley de la Comisión Federal de Electricidad y reformas a la Ley Federal de Entidades Paraestatales, Ley de Adquisiciones y Arrendamientos y Servicios del Sector Público y Servicios Relacionados con las Mismas	11 y 12 de junio de 2014
4	Ley de los Órganos Reguladores Coordinados en Materia Energética y reformas a la Ley Orgánica de la Administración Pública Federal; Ley de la Agencia Nacional de Seguridad Industrial y de Protección al Medio Ambiente del Sector Hidrocarburos	16 y 17 de junio de 2014

En noviembre de 2015 se conoce que: PEMEX recibió licencia de un año del gobierno de Estados Unidos para importar crudo ligero estadounidense y procesarlo en sus refinerías, a cambio de crudo mexicano. Con lo cual PEMEX podría producir combustibles más redituables y no combustóleo, que se dejó de utilizar como insumo para generar electricidad (La Jornada, 1 de nov. de 2015).

3. Impacto Ambiental en la obtención de energéticos.

3.1. Las principales afectaciones socio-culturales de las actividades petroleras:

a) **Impactos ambientales** por residuos al: Agua; Aire; Suelo; Salud de pobladores y animales; por ultimo impactos negativos a la cultura (usos y costumbres).

b) **Escases de alimentos** y aumentos de precios de la canasta básica.

c) **Afectaciones a la agricultura y ganadería** compensadas debajo de su precio.

d) **Disminución del valor los bienes inmuebles** de los locales.

e) **Impacto en los niveles salariales** locales debido a las diferencias de salarios así como conflictos que en ocasiones han implicado diversos tipos de violencia.

f) **Restricción** en **La movilidad para satisfacer sus necesidades** se ve limitada. Además el tránsito constante de pipas y camiones generan enfermedades.

g) **Cambio de costumbres** que en ocasiones propicia la drogadicción, la apertura de bares, prostíbulos entre otros.

h) Abandono de pozos sin saneamiento.

i) En la **Generación de energía eléctrica en el** 2014 las emisiones por su generación se incrementarán hasta 160 Tm de CO_2 y CO el 32% del total.

3.2 Análisis De La Sustentabilidad Ambiental en la zona sur del estado de Tamaulipas Mx.

La generación de energías alternativas, limpias de aplicación exitosa, como la: generada de los residuos sólidos; la solar; la hídrica y la eólica entre otras. Se constituyen como respuesta viable para sustituir al petróleo, que se lograrían implementar apoyando el desarrollo tecnológico, al crecimiento económico. La sustentabilidad de los recursos naturales y la prevención impactos por la actividad humana, el mejoramiento de la infraestructura municipal y la regulación de las actividades urbanas e industriales, pueden y deben constituirse como el fundamento para la aplicación de prácticas, encaminadas a proporcionarle a la población un espacio donde pueda desarrollar sus potencialidades, mejorar su calidad de vida, con gestión para la colaboración entre la sociedad y el gobierno.

3.3 Generalidades de la zona sur de Tamaulipas.

Localización. Se encuentra ubicado en la porción sur del Estado de Tamaulipas en la República Mexicana, (Ver figura 14 y 15). 3.08 m. ros sobre el nivel del mar.

Colinda: al norte con el municipio de Aldama; al sur con el estado de Veracruz; al este con el Golfo de México y al oeste con el municipio Gonzales y Veracruz. La zona está ubicada en la región Norte del Golfo de México, formando parte de la Cuenca Baja del Río Pánuco, en la porción sureste del Estado de Tamaulipas. La Zona Metropolitana cuenta con una superficie de 1,492.70 km^2 y está integrada por Altamira, Tampico y Ciudad Madero.

Extensión territorial. El Municipio de Cd. Madero, tiene una superficie territorial de 62.86 km^2, Tampico km^2 92.73; Altamira 1,361 km^2 de superficie del Estado. Recursos Naturales, por tener la mayor parte de su territorio urbanizado en Tampico y Madero sus recursos naturales, se limitan a los que obtiene de las lagunas del río y del mar. En Altamira existe algo de agricultura y ganadería.

Evolución Demográfica. Según INEGI, (2015). De Población, total del Estado de Tamaulipas fue de: 3441668 el 2015 Tampico, 314 418, Cd. Madero, 209 175 y Altamira, 235 066. Distribución de densidad poblacional del País 61/km^{2}en Tamaulipas 43/km^2. Nivel de escolaridad en mayores de 15 años, en el país es 9.1 años en Tamaulipas 9.4, Alfabetismo en el país 6/100 en Tamaulipas 3/100h.

Principales Sectores Económicos del estado son: Industrial, Comercial, Portuaria Turística y de Productos así como de servicios, como enseguida se exponen. Existen en el municipio grandes, medianas y pequeñas industrias las cuales sirven como fuentes generadoras de empleos para la población. Ejemplos de las grandes industrias es la Refinería Madero, de

Petróleos Mexicanos, considerada como de las más modernas de América Latina.. Además del Puerto Industrial de Altamira, la más grande de Latino América.

Pesca. Dada su ubicación geográfica, el municipio de Cd. Madero colinda con el Golfo de México y con el Río Pánuco. La zona constituye una de las principales fuentes de explotación pesquera. Turismo, su principal atractivo turístico esta: la Playa de Miramar con su malecón; además los edificios de la época del Porfiriato, como la Aduana, el Telégrafos entre otros.

Vivienda. De acuerdo con el Censo de población y vivienda, (2015). Más del 90%, cuenta con energía eléctrica, agua potable y alcantarillado, drenaje, vialidad y transporte, panteones y centros de abasto, seguridad pública, tránsito, limpieza, parques, jardines y cuerpo de bomberos. Predomina la vivienda de propiedad privada, cuenta medios de comunicaciones aéreas, marítimas y terrestres tanto, nacionales como internacionales.

3.4 Ordenamiento Territorial en la Zona de Estudio

El término de ordenamiento territorial (OT) o desarrollo urbano (DU), consiste en un conjunto de normas que forman parte de una política de Estado en lo relativo al DS. Este instrumento puede involucrar aspectos económicos, políticos, sociales valiéndose de su carácter obligatorio, incluido en la LGEEPA. Uno de los retos más complicados para lograr la sustentabilidad en la zona, es el manejo integral de los residuos sólidos urbanos (RSU). La zona, presenta características muy específicas, se refleja en una variación estacional de población flotante así como en la generación de residuos. INEGI, (2010).

Para la disposición final de los RSU, de los tres municipios de la zona, es en un relleno sanitario, ubicado en el municipio de Altamira, el cual se encuentra rebasado en su capacidad. Existe una propuesta que su disposición final se use para generar energía. En los tres municipios existen tiraderos clandestinos, entre ellos los antiguos tiraderos municipales, que no han sido clausurados conforme a la normatividad y permanecen sin control sanitario. De acuerdo con un estudio propio, 2012, se determinó la migración de metales pesados de sus lixiviados, hacia cuerpos de agua colindantes. Además es frecuente la combustión espontánea por le generación de metano.

Programas Internacionales que apoyan de Desarrollo Sustentable. DS

A. **Programa de las Naciones Unidas para el Medio Ambiente, (PNUMA). Con su Programa de las Naciones Unidas para el Desarrollo (PNUD)-** *Meta 7D: haber mejorado considerablemente, para el año 2020, la vida de por lo menos 100 millones de habitantes. Con sus tres puntos, que son:*

- ✓ **Desarrollo Social y Comunitario.** Participación social de la organización; para la construcción, habilitación, equipamiento apoyados por el programa.
- ✓ **Mejoramiento del Entorno Urbano.** Introducción de redes de infraestructura urbana básica y realización de obras de mitigación de riesgos.
- ✓ **Promoción del Desarrollo Urbano.** Se apoya la actualización de planes, programas y reglamentos municipales; acciones que contribuyan a alentar la participación social y la coordinación intersectorial para beneficio social.

B. **Organización de las Naciones Unidas para la Educación, la Ciencia y la Cultura, (UNESCO).** La educación para el desarrollo sostenible, (EDS). Tiene por objeto ayudar a las personas a desarrollar actitudes y capacidades y adquirir conocimientos con miras a abordar los problemas sociales, económicos, culturales y medioambientales del futuro.

C. **Organización de Estados Americanos. (OEA).** El Departamento de Desarrollo Sostenible apoya a los Estados Miembros de la OEA en el diseño y la implementación de políticas, programas y proyectos orientados a integrar las prioridades ambientales con el alivio de la pobreza y las metas de desarrollo socioeconómico. Apoya la ejecución de proyectos que incluyen países en desarrollo.

D. **Acerca de la Organización para la Cooperación y Desarrollo Económicos, (OCDE).** *Hace énfasis en:*

- Hacer que los mercados trabajen para un medio ambiente más sano.
- Utilizar la ciencia y la tecnología para beneficio de todos.
- Disminuir la contaminación y los desperdicios.
- Fomentar la discusión de los temas fundamentales concernientes a la energía. **Principales aéreas de trabajo:**

  ✓ Asegurar el acceso equitativo a la educación
  ✓ Promover sistemas de salud efectivos y accesibles
  ✓ Luchar contra la exclusión social y el desempleo
  ✓ Acortar la brecha digital entre ricos y pobres

E. Comisión del Desarrollo Sostenible, (CDS). Fue creada en 1993, para: garantizar el seguimiento y la realización de los compromisos asumidos en la cumbre de la tierra de Río. Reforzar la cooperación internacional; examinar los progresos realizados en la aplicación de las agendas 21 a nivel nacional, regional e internacional.

3.5 Vinculación entre modelos de planificación. Nación, el estado y el municipio.

Se considera importante estudiar las estrategias utilizadas en otros países como los de la Unión Europea, o Costa Rica ya que en Latinoamérica es un ejemplo a seguir en cuestiones del cuidado en medio ambiente y que pretende que en este año se logre que toda la energía que use sea de fuentes renovables. Con un ordenamiento territorial adecuado que garantiza a todos sus ciudadanos el acceso a los servicios públicos.

En nuestro país se hacen esfuerzos por concientizar a la población sobre la importancia del cuidado del medio ambiente, incorporado en el diseño curricular los principios de sustentabilidad del medio ambiente en los tres niveles de educación, se han creado nuevos instrumentos normativos que buscan regular estas acciones del gobierno, favoreciendo la tecnología limpia la cual minimice el uso de energía y la generación de residuos, convirtiéndose en acciones prioritarias.

3.6 Sustentabilidad en la zona Metropolitana

Estado Actual. El desarrollo lineal de la Zona Metropolitana condicionada por su medio físico natural, ha saturado el municipio de Cd. Madero, Tampico y la parte de Altamira, lo que ha producido aspectos medioambientales altamente negativos. En la zona, la cantidad de suelo disponible es escasa, el crecimiento de la región debe extenderse hacia otros municipios como Altamira o Panuco Veracruz, que presenten mejores condiciones físicas para el desarrollo, evitando las zonas de relleno que se vienen construyendo y que quedan en zonas inundables con problemas que subsistirán. Es importante tener presente la estrategia operativa de La Red de Observatorios Urbanos, con la coordinación global de ONU-HABITAT, incluye los siguientes objetivos:

Tabla 4.Objetivos La Red de Observatorios Urbanos

Objetivos La Red de Observatorios Urbanos, con la coordinación global de ONU-HABITAT *Fuente: IMEPLAN sur detamaulipas.gob.mx.*
1. Estimular procesos consultivos para identificar e integrar las necesidades y oportunidades de información urbana.
2. Contribuir en la capacitación de los actores urbanos en relación a la recolección, gestión y uso de la información urbana para políticas sectoriales, a partir de indicadores y la aplicación de adecuadas prácticas y políticas.
3. Propiciar la información y el análisis objetivo, a todos los actores urbanos para que participen en igualdad de condiciones, y con eficiencia en los procesos de toma de decisión con respecto a las políticas urbanas y su implementación.
4. Compartir información, conocimiento y experiencias con otros observatorios urbanos, utilizando tecnologías e infraestructuras apropiadas para cada caso.

Es importante mencionar que las fuentes de las energías alternativas ofrecen una aplicación exitosa se constituyen cada vez más como una respuesta viable para sustituir al petróleo como principal generador energético. Pérez Franco, D. (2007). Para ello, se debe considerar la vinculación de la planificación de diferentes marcos regulatorios que dependen de elementos consignados en el documento "Visión México 2030". Los municipios atienden las directrices nacionales y estatales para dar origen a su propio documento de planificación que busca equilibrar el desarrollo municipal con las condiciones imperantes en su contexto energético nacional.

3.7 Parámetros de Sustentabilidad Ambiental del Banco Interamericano de desarrollo (BID). Indicadores de La Iniciativa Ciudades Emergentes y Sustentables

3.7.1 Energía

3.7.1.1 Cobertura energética,

- ✓ % RSU que se utilicen para generación de energía ≥ 70. 40-70. ≤ 40
- ✓ % de hogares de la Ciudad con conexión de Energía Eléctrica 90-100. 70-90. ≤70
- ✓ % de hogares conectados al suministro de gas Natural ≥25. 15-25. ≤.15
- ✓ Cantidad promedio de interrupciones electicas al año por cliente. Cant/año/cliente.≤10. 10-13. ≥13

3.7.1.2 Eficiencia energética

- ✓ Duración promedio de las interrupciones en horas /cliente≤ 10. 10-15. ≥ -15
- ✓ Consumo anual residencial de electricidad por hogar kwh/hogar/año 1500-3500. 35000-5000. ≥5000
- ✓ Kg de equivalente del petróleo por unidad de pérdida de poder adquisitivo del PIB comparado con la media de los países de América Latina Caribe (ALC).
- ✓ Existencia de monitoreo y cumplimiento de las NOMs de eficiencia energética. Si/no
- ✓ % de Energía Renovable sobre el total de la generación de energía.

3.7.1.3 Energía Alternativa y Renovable

- ✓ Existe monitoreo y cumplimiento con las reglas de Calidad de Aire. SI/NO

3.7.2 Calidad del Aire

3.7.2.1 Control de Calidad del Aire

- ✓ Existe monitoreo y cumplimiento con las reglas de Calidad de Aire. SI/**NO**

3.7.2.2 Concentración de contaminantes del Aire

- ✓ Índice de Calidad del aire 0-50. 51-100. +100
- ✓ Concentración PM10/Micras/M^3 /24h 50. 50-150. +150

Conclusiones

En Cd. Madero y Tampico se podría recomendar la construcción de vivienda vertical, ya que de los tres municipios sólo Altamira cuenta con terrenos disponibles para expandirse de forma horizontal. Es necesario incluir las fuentes de energía alternativa dentro del diseño urbano al igual que el monitoreo y control de las emisiones. Las energías alternativas se constituyen cada vez más como una respuesta viable a largo plazo para sustituir al petróleo como generador energético, como parte del esfuerzo realizado para minimizar el impacto del cambio climático. Por la ubicación geográfica de la zona, en el litoral Tamaulipeco, las fuentes de las energías alternativas con posibilidades de desarrollo, se pueden citar:

- **Residuos urbanos e industriales**. Prácticamente el 90% delos residuos urbanos e industriales, pueden ser utilizados en un fuente casi inagotable de energía (Romero Rivera & Chávez, 2008). A su vez, se puede promover la producción de vapor, energía motriz e hidrógeno a partir de la biomasa de desechos forestales y vegetales (Chávez & Cerda, 2008).

- **Energía solar.** El aprovechamiento de la luz del sol, mediante el empleo de celdas foto electroquímicas, se ha popularizado a medida que la tecnología avanza en la creación de paneles solares de mayor capacidad y eficiencia.

- **Energía Hídrica.** Se puede emplear molinos de agua que son similares a los de viento, tienen una tecnología conocida y son de empleo comercial (Polo, Rodríguez, & Sarmiento, 2008).

- **Energía Mareomotriz.** En el litoral Tamaulipeco, es posible la utilización de las mareas para generar energía limpia, en algunos espacios estratégicos no turísticos ubicados en la playa de Miramar, principalmente de tipo acuático como lo son la construcción de centrales mareomotrices.

- **Energía Eólica.** El litoral tamaulipeco donde se ubica el municipio de Cd. Madero, se encuentra expuesto a fuertes vientos de diferentes orígenes. El empleo de granjas de molinos de viento se ha incrementado su uso en la zona.

Es indispensable que los municipios se apoyen en los programas federales y estatales para alcanzar sus metas de desarrollo sustentable. De igual forma en los programas internacionales como el PNUD, OEA, OCDE entre otras, que apoyan proyectos de: Desarrollo Social y Comunitario; Mejoramiento del entorno urbano y su promoción, un ejemplo es el BID, que apoya programas para ciudades emergentes.

Bibliografía Revisada

1. AMDEE, 2015. Asociación Mexicana de Energía Eólica*www.amdee. org/parques-eolicos-mexico-2015*
2. CENACE Información del Centro Nacional de Control *de Energía los resultados preliminares de Subasta de Largo Plazo* 22//09/2016.
3. CGLU. La Cultura es el cuarto pilar del Desarrollo Sostenible, Ciudades y Gobiernos Locales Unidos, 2010.
4. Chávez, M., & Cerda, A. (2008). *La Energía Alternativa ya está aquí. Contenido* (540), 68-76.
5. CFE, 2012. *Sustentabilidad*
6. Crónica ONU, 2015 *Objetivo de Desarrollo Sostenible (ODS) 7 y el desarrollo energético sostenible (DES) en américa latina y el caribe.*
7. ENDESA, 2017, www.meff.com/aspx/Financiero/Ficha.aspx?id=esp &ticker=ele
8. El Caribe 2013
9. Gobierno del Estado de Tamaulipas. *Plan Estatal de Desarrollo Tamaulipas 2005-2010.*Cd. Victoria; *2011- 2015.*
10. Google, *Imágenes.*
11. IMEPLAN, sur de Tamaulipas. http://www.imeplansurdetamaulipas. gob.mx/Pdf_POTMunicipales/POT%20Zona%20Metropolitana.pdf
12. **INEGI** Instituto Nacional de Estadística, Geografía e Informática, *Censo General de Población y Vivienda 2010.* México, 2010 y 2015
13. La Jornada, 1 de noviembre de 2015
14. García Portero El gas natural no convencional: la fracturación hidráulica o fracking (y III). 5 nov. 2014
15. MUÑOZ – GRAU, Universidad Química Edición digital: abril de 2013.
16. Organismos internacionales vinculados al desarrollo sustentable. (2009). http://desarrollosustentablesca.blogspot.mx/2009/12/organismos-internacionales-vinculados.html
17. Ošlaj, M., &Muršec, B. (2010). *Tehnickivjesnik / Technical Gazette, 17* (1), 109-114.
18. Pérez Franco, D. (2007). La importancia de aprovechar la pequeña hidroenergía. *Ingeniería Hidráulica y Ambiental, 28* (2), 3-5.
19. Programa Estratégico para el Desarrollo Urbano y Sustentable de Tamaulipas 2008-2030.
20. Poletto, J. A., & Da Silva, C. L. (2009). Influencia de la Separación de Residuos Sólidos Urbanos para Reciclaje en el Proceso de

Incineración con Generación de Energía. *Información Tecnológica, 20* (2), 105-112.

21. Polo, J. M., Rodríguez, J., & Sarmiento, A. (2008). Potencial de generación de energía a lo largo de la costa colombiana mediante el uso de corrientes inducidas por mareas. *Revista de Ingeniería* (28), 99-105.

22. Romero Rivera, D., & Chávez, M. (2008). *La Energía Alternativa ya está aquí. Contenido* (541), 58-63.

23. REVE 2016 Revista **Eólic**areveworkshop.github.io/

24. Sistema de Información Económica, Tamaulipas, Información básica municipal: http://sietam.tamaulipas.gob.mx/municipios/fichasmunicipales/09.pdf

25. Sistema de Información Económica (SENER), 2013 y 2015 *Prospectiva del Sector Eléctrico (2012-2026) Satisfacer el consumo Nacional futuro de energía eléctrica.*

26. SLIDE SHARE, AEM, México Espacio 2013-2018 Dr. F. J. Mendieta, director General de AME.

27. Strahan, D. (2009). A real waste of waste. *Ecologist, 39* (3), 2-4.

28. *Tenaris. (NYSE: TS). Basic Materials | Steel. 27.39 0.02 0.07% ... Tenaris SA was* http://www.mexico-tenoch.com/gobernadores/tamaulipas/ta...

29. Universidad de Chile 2006 www.uchile.cl/noticias/32284/desarrollo-energetico-sustentable-un-desafio-pendiente.

http://www.geociencias.unam.mx/~bole/eboletin/treMiguelGG09.pdf

http://www.revistagenteqroo.com/las-hidroelectricas-en-mexico-pasado-presente-y-futuro/
http://es.slideshare.net/stephaniecastaneda969/energa-mareomotriz-energas-
http://www.jornada.unam.mx/ultimas/2016/07/13/energia-solar- la-mas-competitiva-del-sector-dicen-resarios/energiasoalr.jpg

http://antiguo.minenergia.cl/minwww/opencms/03_Energias/Otros_Niveles/renovables_noconvencionales/TiposEnergia /biomasa.html

https://es.wikipedia.org/wiki/Carbonificaci%C3%

http://www.mexico-tenoch.com/gobernadores/tamaulipas/ta
https://es.scribd.com/doc/248612360/INGENIERIA-QUIMICA-pdf

http://www2.uned.es/biblioteca/energiarenovable3/sistemas.htm#gas
https://www.google.com.mx/search?q=cd+madero+tamaulipas
&biw=1093&bih=470&source=lnms&tbm=isch&sa=X&ved=0CA
cQ_AUoAmoVChMI4dqonbX0xgIVRns-Ch2VWABt&dpr=1.25
https://apuntesenergia.com/2014/01/03/gas-shale-23-prospectos-mexicanos/

http://es.slideshare.net/CarlosDuarte39/foro-mexico-espacio-2013-2018

Créditos al: Ayuntamiento de Ciudad Madero, Ayuntamiento de Tampico, Ayuntamiento de Altamira, Instituto Tamaulipeco de Vivienda y Urbanismo y A l Instituto Metropolitano de Planeación del Sur de Tamaulipas.